经学通志

钱基博 著

古吴轩出版社

图书在版编目（CIP）数据

经学通志 / 钱基博著. -- 苏州 ：古吴轩出版社，2021.9

（鸿儒国学讲堂）

ISBN 978-7-5546-1525-6

Ⅰ. ①经… Ⅱ. ①钱… Ⅲ. ①经学－研究－中国 Ⅳ. ①Z126.27

中国版本图书馆 CIP 数据核字（2021）第 027423 号

责任编辑：黄菲菲
策　　划：崔付建　秦国娟
装帧设计：鸿儒文轩

书　　名：经学通志
著　　者：钱基博
出版发行：古吴轩出版社
地址：苏州市八达街 118 号苏州新闻大厦 30F　　邮编：215123
电话：0512-65233679　　传真：0512-65220750

出 版 人：尹剑峰
印　　刷：三河市华东印刷有限公司
开　　本：650×940　1/16
印　　张：12.5
字　　数：147 千字
版　　次：2021 年 9 月第 1 版　第 1 次印刷
书　　号：ISBN 978-7-5546-1525-6
定　　价：48.00 元

自　序

余曩读唐陆元朗德明《经典释文》，叙经学源流，文少波澜，未足以发人意，又恨其记载疏舛，于魏、晋以下不详。后清儒江藩郑堂绍述其意，作《经师经义目录》，则又胶于门户，特以清儒承汉学，而摈唐、宋于不论不议，学术流变之迹，因以不明！爰辑旧闻，纂为是志。无锡钱基博。

目录

《总志》第一

《说文》:“经，织也。”《玉篇》:“经纬以成缯布也。”借以为经纶天下之意。《易·屯卦·象》曰:“雷震，屯，君子以经纶。”《周礼·天官·太宰》:“以经邦国。”注:“经，法也。王谓之礼经，常所秉以治天下也。邦国官府谓之礼法，常所守以为法式也。常者，其上下通名。”《释名》:“经，径也。如径路无所不通，可常用也。”此经之义也。然古无经之名。伏羲、神农、黄帝之书，谓之《三坟》，言大道也。少皞、颛顼、高辛、唐、虞之书，谓之《五典》，言常道也。虞、夏、商、周，雅诰奥义，其归一揆。八卦之说，谓之《八索》，求其义也。九州之志，谓之《九邱》。邱，聚也，言九州所宜，土地所生，风气所宜，皆聚此书也。《周官·外史》“掌三皇五帝之书”，大都不离所谓坟典者近是。楚左史倚相能读《三坟》《五典》《八索》《九邱》，学士大夫所诵习者此耳。时尚未有经名。《礼记·王制》“乐正崇四术，立四教，顺先王诗、书、礼、乐以造士”，亦不闻称《诗》《书》《礼》《乐》曰“四经”也。经之名见于《国语》“挟经秉枹”，而《孝经钩命决》引孔子曰:“吾志在《春秋》，行在《孝经》。”《庄子·天运篇》载：“孔子谓老聃曰：吾治《诗》《书》《易》《礼》《乐》《春秋》六经以为文。”六经之名始此。然此之所谓六经，即后世之九经。盖《礼经》统三礼，《春秋》统三传，而《乐经》亡佚也。此经称之见于传与纬书、子书之在西汉以前者也。自汉以后，儒者相传，俱言五经。而陈后主时，吴中陆元朗德明撰《经典释文》，则于五经之外，增入《孝经》《论语》《老子》《庄子》《尔雅》五书。其系《孝经》《论语》《尔雅》于五经之后，或用《汉书·艺文志·六艺略》附《论语》《孝经》《小学》之例，而厕以《老》《庄》者，盖《老》《庄》自魏、晋以来为士大夫所推尚，德明生于陈季，犹沿六代之余波也。其书凡三十卷，于诸经皆摘字为音，惟《孝经》以童蒙始学，《老子》以众本多乖，各摘全句。所采汉、魏、六朝音切，凡二百三十余家，又兼载诸儒之训诂，证各本之异同。后儒得以考见古义，其有借于德明此书者非细也。惟德明系《孝经》《论语》及《老》《庄》《尔雅》于五经之后，则增五经而十矣。唐时立之学官，则省德明之所增，而云九经者，三礼三传，分而习之，故为九也。其刻石国子学，则所云九经，并《孝经》《论语》《尔雅》。至宋儒取《礼记》中之《大学》《中庸》，及进《孟子》以配《论语》，谓之四书，而十三经之名始立。所谓十四经者，先时尝并《大戴记》于十三经末，称十四经也。其先儒释经之书，或曰传，或曰笺，或曰解，或曰学，今通谓之注。圣人著作曰经，贤者著述曰传，因记训曰诂，因章句曰注，见张华《博物志》。世所传者，《诗》则毛苌传、郑玄笺，《周礼》《仪礼》《礼记》则郑玄注，《公羊》则何休学，《孟子》则赵歧注，皆汉人。《易》则王弼注，《系辞》韩康伯注，《书》则梅赜伪孔安国传，皆晋人。《论语》则何晏集解，魏人。《左氏》则杜预注，《尔雅》则郭璞注，《穀梁》则范宁集解，皆晋人。《孝经》则唐明皇御注。盖经之注，率成于唐以前，而唐以后诸儒辨释之书，则名曰《正义》，今通谓之疏。而创为正义者，盖自唐之孔颖达始。据《旧唐书·儒学传》："太宗以儒学多门，章句繁杂，诏国子祭酒孔颖达于诸儒撰定《五经义疏》，凡一百七十卷，名曰《五经正义》。"《高宗纪》"永徽四年三月壬子朔，颁孔颖达《五经正义》于天下"，是也。然世儒或执此以《五经正义》为孔颖达作者，则又非。《新唐书·颖达本传》云："初，颖达与颜师古、司马才章、王恭、王琰受诏撰《五经义训》百余篇，其中不能无谬冗。博士马嘉运驳正其失。诏更令裁定，未就。永徽二年，诏中书门下与国子三馆博士、宏文馆学士考正之，于是尚书左仆射于志宁、右仆射张行成、侍中高季辅就加增损，书始布下。"然则《五经正义》者，盖孔颖达与诸儒之所共撰，而非一人之书，彰彰明甚。而《高宗纪》大书特书曰"孔颖达《五经正义》"者，意者特以孔颖达为奉诏撰定《五经正义》之总纂官，而遂以尸其名邪？然孔颖达奉诏撰定正义者，但有《易》《书》《诗》《礼记》《春秋左氏传》五经。永徽中，贾公彦始撰《周礼》《仪礼》义疏。《宋史·李至传》："判国子监，上言：五经书既已板行，惟二传二礼《孝经》《论语》《尔雅》七经疏未修。望令直讲崔颐正、孙奭、崔偓佺等重加雠校，以备刊刻。"而《穀梁》用唐杨士勋疏，《公羊》用唐徐彦疏，《孝经》《论语》《尔雅》用宋邢昺疏，《孟子》用宋孙奭疏。此世所称《十三经注疏》也。然宋以前，疏本与注别行，而宋以后，疏遂与注合刊，说经者遂以注疏为不刊之典。至新喻刘敞原父，撰《七经小传》三卷，始异注疏之说。七经者，《尚书》《毛诗》《周礼》《仪礼》《礼记》《公羊传》《论语》也。宋人说经毅然自异于先儒，实自敞始，然敞学有根柢，故能自为一家之言。后来不能学其深究古义而学其排击古义，则甚矣其傎也。独临邛魏了翁鹤山以说经者但知诵习成言，不能求之详博，因取诸经注疏之文，据事别类而录之，谓之《九经要义》，凡二百六十三卷，残存《周易要义》十卷，《尚书要义》十七卷，《仪礼要义》五十卷，《春秋左传要义》三十一卷，虽主于采掇注疏，然别裁精审，汰其冗文，既使后人不病于芜杂，而分胪纲目，咸有条贯，可谓剪除枝蔓，独撷英华，是亦读注疏者之津梁矣！至清儒华亭吴浩养斋取诸经笺注，标其疑义，撰《十三经义疑》十二卷，虽于注疏之学，未能贯通融会，而研究考证，具有根柢，亦注疏家之诤臣也。元和惠栋定宇乃究探诸经古义于注疏未出之前，撰成《周易》《尚书》《毛诗》《周礼》《仪礼》《礼记》《左传》《公羊》《穀梁》《论语》十经古义二十二卷。其《左传》六卷后更名曰补注，刊板别行。搜采旧文，互相参证。曰古义者，盖汉儒专门训诂之学，得以考见于今者也。古者漆书竹简，传写为艰，师弟相传，多由口授，往往同音异字，辗转多岐。又六体孳生，形声渐备，毫厘辨别，后世乃详。古人字数无多，多相假借，沿流承袭，遂开通假一门。谈经者不考其源，每以近代之形声，究古书之义旨，穿凿附会，纠结不通。故读古人之书，则当先通古人之字，庶明其文句，而义理可以渐求。栋作是书，证佐分明，斯称精核。庶几哉，可谓抗心希古，直抉经奥者。若乃勘文字之异同，校刻本之是非，则有仪征阮元芸台之撰《十三经注疏校勘记》二百四十三卷焉。虽然，六艺经传以千万数，要其归，则不外五帝之道、六艺之教。《礼记·经解》：“孔子曰：‘温柔敦厚，《诗》教也。

疏通知远，《书》教也。广博易良，《乐》教也。洁净精微，《易》教也。恭俭庄敬，《礼》教也。属辞比事，《春秋》教也。'"《史记·自序》曰："《易》著天地阴阳四时五行，故长于变。《礼》经纪人伦，故长于行。《书》记先王之事，故长于政。《诗》记山川溪谷禽兽草木牝牡雌雄，故长于风。《乐》乐所以生，故长于和。《春秋》辨是非，故长于治人。是故《礼》以节人，《乐》以发和，《书》以道事，《诗》以达意，《易》以道化，《春秋》以道义。"《汉书·艺文志》曰："六艺之文，《乐》以和神，仁之表也；《诗》以正言，义之用也；《礼》以明体，明者著见，故无训也；《书》以广听，知之术也；《春秋》以断事，信之符也。五者盖五常之道，相须而备。而《易》为之原。"《白虎通·五经》论曰："经所以有五何？经，常也。有五常之道，故曰五经。《乐》仁，《书》义，《礼》礼，《易》智，《诗》信也。"然则经虽有九经、十三经、十四经之名，而究其要归，不外五常之道、六艺之教而已，则亦何居乎后世九经、十三经、十四经之喋喋也？不知六经六艺之名，由来久远，不可以臆增益。善夫！刘向之为《七略》也，班固仍之，造《艺文志》，序六艺为九种，有经，有传，有记，有群书。传则附于经，记则附于经，群书颇关经则附于经。何谓传？《书》之有大小夏侯、欧阳，传也。《诗》之有齐、鲁、韩、毛，传也。《春秋》之有公羊、穀梁、左氏、邹夹氏，亦传也。何谓记？大小戴氏所记凡百三十有一篇，是也。何谓群书？《易》之有《淮南道训》《古五子十八篇》，群书之关《易》者也。《书》之有《周书》七十一篇，群书之关《书》者也。《春秋》之有《楚汉春秋》《太史公书》，群书之关《春秋》者也。然则《礼》之有《周官司马法》，群书之颇关《礼》者也。皆以附于所传、所记或所关之经，而不别著焉，何居乎后世九经、十三经、十四经之喋喋也？或以传为经，《公羊》为一经，《穀梁》为一经，《左氏》为一经。审如是，则韩亦一经，齐亦一经，鲁亦一经，毛亦一经，可乎？欧阳一经，两夏侯各一经，可乎？《易》有三家，《礼》分庆、戴，《春秋》之有邹夹，汉世总古今文，为经当十有八，何止十有三？如其可也，则后世名一家说经之言甚众，经当以百数。或以记为经。大小戴二《记》毕称经。夫大小戴二《记》，古时篇篇单行，然则礼经外当有百三十一经。或以群书为经。《周官》晚出，刘歆始立。刘向、班固灼知其出于晚周、先秦之士之掇拾旧章所为，附之于《礼》，等之于《明堂阴阳》而已。后世称为经，是为述刘歆，非为述孔氏。善夫，刘氏之序六艺为九种也！有苦心焉，斟酌尽善焉。序六艺矣，七十子以来，尊《论语》而谭《孝经》《小学》者，盖六经之户枢也。小学者，所以明六经之训诂，而《论语》述夫子之言行，《孝经》则再传门人之所述。然夫子曰"吾……行在《孝经》"，故不敢以夷于记，夷于群书也。然又非传。于是以三种为经之贰，而厕诸六艺之后。然序类有九而称艺为六，虽为经之贰，而仍抑之不与经齐。顾后世又以《论语》《孝经》为经。假使《论语》《孝经》可名经，则向早名之，且曰序八经，不曰序六艺矣。於戏！仲尼好古，述而不作，曷尝奂然大号，使弟子笔其言以自制一经哉！经之为言常也。古之所谓经，乃三代盛时典章法度常所秉守，见于政教行事之实，而非圣人有意作为文字以传后世也。后世以传为经，以记为经，以群书为经，以经之贰为经，犹以为未快意，或以诸子为经，《孟子》是也；或以经解为经，《尔雅》是也。盖经之书弥多而经之旨弥荒。《春秋》三家之传，《周官》、二戴之《记》，后之读者，尚借以窥见三代政教行事得失之迹，而无大悖于经纶天下之意，厕之于经，犹可言也，至孟子为儒家之著述，《尔雅》则经传之释词，倘以此为六经之羽翼则可，而径厕于六经则荒矣！谨撰次众说，条其原委，而析衷以刘子政氏序六艺之义，纂《总志》第一。

《周易志》第二

宓戏氏仰观象于天，俯观法于地，观鸟兽之文，与地之宜，近取诸身，远取诸物，于是始作八卦，以通神明之德，以类万物之情。至于殷、周之际，纣在上位，逆天暴物，文王以诸侯顺命而行道，天人之占，可得而效，于是重《易》六爻，作上下篇。孔子为之《彖》《象》《系辞》《文言》《序卦》之属十篇。故曰："《易》道深矣。人更三圣，世历三古。"所谓易者，何也？曰：《易》之为言变也。易穷则变，变则通，通则久。是以自天祐之，吉无不利。谓之"易"者，所以明世道穷变通久之必然；而系以"周"者，所以明世变剥复循环之有常。周之为言周也，周而复始也。孔子系《泰》之九三曰"无平不陂，无往不复"，《彖》《复》见天地之心，而作《序卦》，以序六十四卦相次之义，泰之受以否也，剥之穷以复也，损而不已必益，升而不已必困。如此之类，原始要终，罔不根极于复，所以深明《易》道之周也。"周"有原始反终之义，而《周易》以纯乾为首。乾，健也，为天，天行不息，周天三百六十五度四分度之一，一日一夜，行一周，复其故虚，日东行一度。乾道之变，天行之复也。孔子以《诗》《书》《礼》《乐》教弟子，盖三千焉。而受《易》者独称商瞿。商瞿，鲁人，字子木，少孔子二十九岁。孔子传《易》于瞿，瞿传鲁人桥庇子庸，子庸传江东馯臂子弓，子弓传燕周丑子家，子家传东武孙虞子乘，子乘传齐田何子装。《史记·仲尼弟子列传》曰："瞿传楚人馯臂子弘，弘传江东人矫子庸疵，疵传燕人周子家竖，竖传淳于人光子乘羽，羽传齐人田子庄。"及秦禁学，《易》为筮卜之书，独不禁，传受者不绝也。汉兴，田何以齐田徙杜陵，号杜田生，传东武王同子中、洛阳周王孙、丁宽、齐服生，皆著《易传》，而王氏、周氏、服氏各二篇，独丁氏八篇，见《汉书·艺文志》。要言《易》者，本之丁宽。宽，字子襄，梁人也。初梁项生从田何受《易》，时宽为项生从者，读《易》精敏，材过项生，遂事何。学成，何谢宽。宽东归，何谓门人曰："《易》已东矣。"宽至洛阳，复从周王孙受古义，号《周氏传》。景帝时，为梁孝王将军，距吴楚，号丁将军，作《易说》三万言，训故举大义而已，不言阴阳灾变也。宽传同郡砀田王孙。王孙传施雠、孟喜、梁邱贺。由是《易》有施、孟、梁邱之学焉。施雠，字长卿，沛人也。与孟喜、梁邱贺从田王孙受《易》。谦让，常称学废，不教授。及梁邱贺贵仕，事多，乃遣子临分将门人河内张禹子文等从雠问。雠自匿不肯见，贺固请，不得已，乃授临等。于是贺荐雠结发事师数十年，贺不能及。诏拜博士，与五经诸儒杂论同异于石渠阁。雠传张禹及琅邪鲁伯。禹传淮阳彭宣子佩、沛戴崇子平。鲁伯传太山毛莫如少路、琅邪邴丹曼容，而禹官丞相，宣官大司空，皆至大官，其知名者也。由是施家有张、彭之学。梁邱贺，字长翁，琅邪诸人也。从大中大夫京房受《易》。房者，淄川杨何叔元弟子也。何者，尝受

《易》东武王同子中，有《易传》二篇，见《汉书·艺文志》，盖《易》家之初立博士者，太史公司马谈及京房咸从受《易》焉。房出为齐郡太守，贺更事田王孙。宣帝时，闻京房为《易》明，求其门人，得贺，以为郎。以筮有应，近幸。累官少府。传子临。临又学于施雠，而专行京房法，以郎奉使，问诸儒于石渠。琅邪王吉通五经，闻临说，善之，乃使其子郎中骏上疏从临受《易》。临传五鹿充宗君孟。充宗官少府，贵幸，为《梁邱易》。自宣帝时，善梁邱贺说，元帝好之，欲考其异同，令充宗与诸《易》家论。充宗乘贵辨口，诸儒莫能与抗，皆称疾不敢。独鲁朱云游从博士白子友受《易》，摄齐登堂，抗首而请，音动左右。既论难，连拄五鹿君，故诸儒为之语曰："五鹿岳岳，朱云折其角。"然不详谁家。而五鹿充宗《略说》三篇，见《汉书·艺文志》。充宗传光禄大夫平陵士孙张仲方、真定太守沛邓彭祖子夏、王莽讲学大夫齐衡咸张宾。由是梁邱有士孙、邓、衡之学。孟喜，字长卿，东海兰陵人也。从田王孙受《易》，传《易》家候阴阳灾变书，言"师田生且死时枕喜膝，独传喜"，盖十二月卦之学所自出焉。诸儒以此耀之！同门梁邱贺疏通证明之曰："田生绝于施雠手中，时喜归东海，安得此事！"于是传者以为喜诞诈也！又蜀人赵宾好小数书，后为《易》，饰《易》文，以为："箕子明夷，阴阳气亡箕子。箕子者，万物方荄兹也。"宾持论巧慧，《易》家不能难，皆曰"非古法也"。云受孟喜，喜为名之。后宾死，莫能持其说。喜因不肯仞，以此不见信。博士缺，众人荐喜。上闻喜改师法，遂不用喜。喜传同郡白光少子、沛翟牧子兄，皆为博士。由是孟喜有翟、白之学。孟喜之学，虽与施、梁雠不同，然要为田王孙之所自出，独京房之《易》为别出！京房，字君明，东郡顿邱人也，累官魏郡太守，盖匪传梁邱贺《易》之齐郡太守京房。治《易》，事梁人焦延寿赣。延寿云："尝从孟喜问《易》。"会喜死，房以为延寿《易》即孟氏学，翟牧、白光不肯，皆曰"非也"。至成帝时，光禄大夫刘向校经、传、诸子，考《易》说，以为诸家《易》说皆祖田何、杨叔、丁将军，大谊略同，惟京氏为异，倘焦延寿独得隐士之说，托之孟氏，故不与相同。然考孟喜学田王孙，言师田生且死，传喜之《易》家候阴阳灾变书，或者即延寿之所本也？延寿著《易林》十六卷，大抵即《易》家候阴阳灾变之书，以一卦演六十四卦，总四千九十六卦，各系以繇词，文句古奥，与《左氏传》载"凤皇于飞，和鸣锵锵"，《汉书》载"大横庚庚，予为天王"之语绝相类。惟延寿生当昭、宣之世，其时《左氏》未立学官，今《易林》引《左氏》语甚多，又往往用《汉书》中事，至云"刘季发怒，命灭子婴"，又曰"大蛇当路，使季畏惧"，宁汉人所宜言者耶？疑是东汉以后人撰，而托之延寿者。然汉《易》之流为术数，自延寿始也。顾延寿常曰："得我道以亡身者，京生也。"其说长于灾变，分六十四卦，更直日用事，以风雨寒温为候，各有占验。房传延寿之学，故言术数者称焦、京。而房之推衍灾祥，更精于延寿，卒以诛死！其著书见于《汉书·艺文志》《隋书·经籍志》者，有《孟氏京房》十一篇，《灾异孟氏京房》六十六篇，《京氏段嘉》十二篇，《章句》十卷，《占候十种》七十三卷。唐以后多佚不传，今传者曰《京氏积算易传》三卷。其书兆乾坤之二象以成八卦，卦凡八变六十有四。于其往来升降之际，以消息盈虚于天地之元而酬酢乎万物之表，炳然在目也！大抵辨三易，运五行，正四时，谨二十四气，悉七十二候，而位五星，降二十八宿。其进退以几而为一卦之主者，谓之世；奇耦相与，据一以超二，而为主之相者，谓之应；世之所位，而阴阳之肆者，谓之飞；阴阳肇乎所配，乾与坤，震与巽，坎与离，艮与兑。而终不脱乎本，以飞某卦之位，乃伏某宫之位。以隐赜佐神明者，谓之伏；起乎世而周乎内外，参乎本数以纪月者，谓之建；终终始极乎数，而不可穷以纪日者，谓之积含。于中而以四为用，一卦备四卦者，谓之互。乾建甲子于初，坤建甲午于上，八卦之上，乃生一世之初。初一世之五位，乃分而为五世之位；其五世之上，乃为游魂之世；五世之初，乃为归魂之世；而归魂之初，乃生后卦之初。其建刚日则节气，柔日则中气。其数虚则二十有八，盈则三十有六。盖后世术士所用世、应、飞、伏、游魂、归魂、纳甲之说，皆出京房。房传东海殷嘉、河东姚平、河南乘弘，皆为郎博士。由是《易》有京氏之学。京氏《易》于元帝之世，与施、孟、梁邱氏并列学官，而民间有费、高二家之说。费、高者，费直、高相也。费直，字长翁，东莱人。治《易》，长于卦筮，亡章句，徒以《彖》《象》《系辞》十篇文言解说上下经。然刘向以中古文《易经》校施、孟、梁邱《易》，或脱去"无咎""悔亡"，唯费直《易》与古文同。自是费直《易》号古文之学，与施、孟、梁邱之称今文者不同。高相，沛人也。治《易》，与费直同时，专说阴阳灾异，自言出于丁将军，其学亦无章句。而施、孟、梁邱氏各有《章句》二篇，见《汉书·艺文志》。既，炎汉祚绝，世祖重光，好爱经术，儒彦云从。于是立五经博士，《易》有施、孟、梁邱、京氏，各以家法教授；而京氏之《易》极盛焉。盖东汉之世，治施氏《易》有闻者，仅陈留刘昆父子而已！昆，字桓公，平帝时受施氏《易》于沛人戴宾能。王莽世，教授弟子恒五百余人。世祖兴，累官光禄勋，授皇太子及诸王、小侯五十余人。传子轶，字君文，能世其学，门徒亦盛，然知名之士无闻焉！此治施氏《易》者也。治梁邱《易》者，曰代郡范升辨卿，与博士梁恭、山阳太守吕羌，俱修梁邱《易》。世祖征拜议郎，迁博士。自以学不如梁恭、吕羌，愿推博士，以避二人。世祖不许，然由是重之。尚书令韩歆疏请为费氏《易》、左氏《春秋》立博士，诏范博士可前平说，遂与歆等驳难，日中乃罢。升退而奏曰："近有司请置京氏《易》博士，群下执事，莫能据正。京氏既立，费氏怨望。京、费已行，次复高氏。并复求立，各有所执。今费氏学，无有本师，而多反异。先帝前世，有疑于此，故京氏虽立，辄复见废。疑道不可由！疑事不可行！"费氏《易》以此不得立博士。而升弟子知名者，曰京兆杨政子行，少从升受梁邱《易》，善说经书。京师为之语曰："说经铿铿杨子行。"教授数百人，累官左中郎将。又有颍川张兴君上者，习梁邱《易》以教授。世祖兴，举孝廉为郎，累拜太子少傅。显宗数访问经术。既而声称著闻，弟子自远至者，著录且万人，为梁邱家宗。时则中兴之初，而三君之外，终东汉，治梁邱《易》者无闻。治孟氏《易》者，曰南阳洼丹子玉，世传孟氏《易》。王莽时，常避世教授，专志不仕，徒众数百人。世祖兴，为博士，稍迁，为大鸿胪。作《易通论》七篇，世号《洼君通》。安定梁竦叔敬，中山觟阳鸿孟孙，亦以孟氏《易》教授，有名称。汝南袁安邵公者，祖父良，习孟氏《易》，安传其学。肃宗之世，累拜司徒，以直节著闻于朝。子京，字仲誉；敞，字叔平。传习父业。而京作《难记》三十万言，其尤知名者也！东汉之末，有广汉任安定祖者，少游太学，受孟氏《易》，兼通数经，又从同郡杨厚学图谶，究极其术。时人称曰："居今行古任定祖。”初任州郡，后大尉再辟，除博士，公车征，皆不就。益州牧刘焉表荐之，然王涂阻塞，诏命竟不至焉。治京氏《易》者最多，大抵世祖之世，曰汝南戴凭次仲、沛献王辅；显宗之世，曰南阳魏满叔牙；恭宗之世，曰琢郡崔瑗子玉，广汉折像伯式，北海郎宗仲绥，南阳樊英季齐、李昌子然，豫章唐檀子产；顺帝之世，曰北海郎𫖮雅光，汝南许峻季山；桓帝之世，曰弘农刘宽文饶、济阴孙期仲彧，皆有名。而樊英著《易章句》，世称樊氏学。唐檀著书二十八篇，名为《唐子》。许峻卜占，多有显验，时人方之前世京房，所著《易林》行于世，或者即焦氏《易林》之所讹也？世之言占候者，率治京氏焉。夷考光武之世，刘昆之传施氏，范升之明梁邱，洼丹之通孟氏，戴凭之说京氏，皆谭《易》之宗，时主所重。独苍梧陈元长孙，海南郑众仲师，皆传费氏《易》。其后扶风马融季长，亦为其传，融授北海郑玄康成。玄初从第五元先受京氏《易》，又从融受费氏《易》，故其学出入于两家，然要其大旨，费义居多，而谓“乾坤六爻，上系二十八宿，依气而应，谓之爻辰”，则费氏《易》之所无也。然玄又喜言十二消息卦，则其说出于孔门。《系辞传》云“往者屈，来者信”，“原始反终，通乎昼夜之道”，盖言消息者之所本也。同时颍川荀爽慈明以硕儒作《易传》，据爻象承应阴阳变化之义，以十篇之文，解说经意，亦宗费氏而言消息。自是费氏兴而京氏遂衰！马融有《周易注》一卷，郑玄有《周易注》九卷，荀爽有《周易注》十一卷，见《隋书·经籍志》。盖汉之言《易》学者，杨何最先立博士，然最早衰。至东汉之兴，京氏《易》后来居上，而施、孟、梁邱三家先后衰！费氏兴而京氏亦衰，其大较然也。东汉之末，荆州牧山阳刘表景升亦有《周易章句》五卷，见《隋书·经籍志》，而表之学，实受于同郡王畅叔茂。畅之孙曰粲者，遭汉乱，与族兄凯俱避地荆州。刘表欲以女妻粲，而嫌其形陋用率，以凯有风貌，乃以妻凯。凯生业，即刘表外孙也。有子曰弼，字辅嗣，幼而察惠，盖以注《易》著闻魏朝，凡《易注》六卷、《易略例》一卷。自郑玄传费直之学，始析《易传》以附经，至弼又更定之。玄本大约如今之《乾卦》，其《坤卦》以下，又弼所割裂。然郑玄《易注》，至北宋尚存一卷，《崇文总目》称存者为《文言》《说卦》《序卦》《杂卦》四篇，则玄本尚以《文言》自为一传，所割以附经者，不过《彖传》《象传》，今本《乾》《坤》二卦各附《文言》，知全经皆弼所更定，非郑玄之旧也。弼之说《易》，称出费直。直《易》今不可见，然荀爽《易》即费氏学，唐李鼎祚《周易集解》尚颇载其遗说，大抵究爻位之上下，辨卦德之刚柔，已与弼注略近。但弼全废象数，又变本加厉。平心而论，《易》本卜筮之书，故末派寖流于谶纬，王弼乘其极敝而攻之，遂能排击汉儒，自标新学。然阐明义理，使《易》不杂于术数者，弼实不为无功；而祖尚虚无，使《易》竟入于老、庄者，弼亦不能无过。瑕瑜不掩，斯为定评。魏朝之明《易》者，王弼而外，司徒东海王朗景兴，尝著《易传》。子肃子雍因撰定，成《周易注》十卷，《隋书·经籍志》所著录，是也。然肃善马融之学，而不好郑玄。时乐安孙炎叔然，则受学郑玄之门人，称东州大儒，作《周易例》。肃作《圣证论》，以讥短玄，炎驳而释焉。然马、郑不同，要其言《易》本之费氏。独平原管辂公明，善筮卦风角之占，或者本之京氏？据管辰叙称："每观辂书传，惟有《易林》《风角》……昔京房虽善卜及风律之占……世人多以辂畴之京房。"见裴松之《三国志·本传》注引《辂别传》。南阳何晏平叔请共论《易》，曰："君论阴阳，此世无双！"时邓飏玄茂在晏许，言："君见谓善《易》，而语不及《易》，何也？"辂寻声答曰："善《易》者不论《易》也！"魏之《易》博士曰淳于俊。魏帝高贵乡公常就问《易》曰："孔子作《彖》《象》，郑玄作注，圣贤不同，释经一也。今《彖》《象》不与经文连，而注连之，何也？"俊对曰："郑玄合《彖》《象》于经，欲学者寻省易了也。"帝曰："若郑玄合之，于义诚便，则孔子曷为不合以了学者乎？"俊对曰："孔子恐与文王相乱，此圣人以不合为谦。"帝曰："郑玄何独不谦耶？"俊不对。盖魏博士之治《易》，善郑氏学者也。蜀博士之治《易》，善郑氏学者，曰南阳许慈仁笃，子勋传其业，然侨士也。蜀士之《易》学，盖始于广汉任安之习孟氏，弟子知名者，曰梓潼杜微国辅，曰蜀郡杜琼伯瑜。然琼好图谶，而不言《易》，巴西谯周允南传其学焉。吴士之善《易》者，曰会稽虞翻仲翔，曰吴郡陆绩公纪。翻有《周易注》九卷，绩有《周易注》十五卷，具见《隋书·经籍志》。然翻之先世，本治孟氏《易》，而绩之注则采诸京氏《易传》者为多。绩年辈差晚，而翻旧齿名盛，说《易》专取旁通与之卦。旁通者，乾与坤，坎与离，艮与兑，震与巽交相变也。之卦，则以两爻交易而得一卦，消息六爻，发挥旁通。与鲁国孔融文举书，示以所著《易注》。融答书曰："自商瞿以来，舛错多矣！去圣弥远，众说骋辞。曩闻延陵之理乐，今睹吾子之治《易》，乃知东南之美者，非徒会稽之竹箭。"然翻自称传孟氏《易》，而说"七日来复"，不言六日七分，则亦不尽用孟氏《易》也。广陵张纮子纲，名辈不后虞翻，而治京氏《易》，则同陆绩。又汝南程秉德枢者，逮事郑玄。吴大帝闻其名儒，征拜太子太傅。著《周易摘商》，盖费氏之支流余裔矣！大抵三国之世，北士传马、郑而习费《易》，而吴、蜀则守孟、京而薄马、郑。虞翻初立《易注》，奏称："颍川荀谞，号为知《易》。臣得其注，颠倒反逆，有可怪笑！马融所解，复不及谞。若乃郑玄，虽各立注，未得其门。"荀谞，荀爽之别名也。此可以觇三国南北学之殊风焉。然南北学亦何常之有！费《易》大兴，而孟、京不能不废。梁邱、施氏亡于西晋。孟氏、京氏虽有其书，而明京氏《易》者，西晋惟弘农董景道文博，东晋惟新蔡干宝令升而已。宝有《周易注》十卷，见《隋书·经籍志》。孟氏之《易》无闻，而费氏之学又分郑玄、王弼两家。元帝中兴，江左议为王弼《易》置博士，独太常颍川荀崧景猷以为不可，请为郑玄《易》置博士。自是《易》有郑玄、王弼二博士。然有晋始自中朝，迄于江左，莫不崇饰老、庄，祖述虚玄，摈阙里之经典，习正始之余论。王弼生当正始，辞才逸辩，老学实为宗师，而明《易》亦造玄论，风流所仰，学者宗焉！惟弼注者仅上下经，而补《系辞》《说卦》《杂卦》《序卦》注者，其门人韩康伯也。自是王注行而郑学亦衰！河南及青、齐之间，儒生多讲王注，师训盖寡，奚论江左！自拓拔魏之末，大儒华阴徐遵明子判门下，讲郑玄所注《周易》。遵明以传范阳卢景裕仲孺，景裕传权会、郭茂。权会早人邺都，郭茂恒在门下教授。其后河朔言《易》者，多出郭茂之门。大抵南北所为章句，河洛《周易》则郑玄，江左则王弼，好尚互有不同，独晋扬州刺史晋陵顾悦之君叔有《周易难王辅嗣义》一卷四十余条。齐国子博士吴郡陆澄彦深与尚书令琅邪王俭仲宝书，陈："王弼注《易》，玄学所宗。今若弘儒，郑不可废！"俭答："《易》体微远，实贯群籍，岂据小王，便为该备！依旧存郑，高同来说。"可谓矫矫南士之不群者也！然梁、陈之世，郑玄仍得与王弼注并列学官。南齐惟传郑义。至隋平江南，王注乃盛河朔，然郑义不废。既隋氏道消，唐代应运，诏孔颖达等撰定《周易正义》，然后专崇王注，而众说皆废。序称："汉儒传《易》者，西都则有丁、孟、京、田，东都则有荀、刘、马、郑，大体更相祖述，非有绝伦。惟魏世王辅嗣注，独冠古今。所以江左诸儒，并传其学；河北学者，罕能及之。其江南义疏，十有余家，皆辞尚虚玄，义多浮诞。原夫易理难穷，虽复玄之又玄，至于垂范作则，便是有而教有。若论住内住外之空，就能就所之说，斯乃义涉于释氏，非为教于孔门也。"所以抨江南诸家者，斯亦允矣！虽然，吾观孔颖达者，徒知释氏之义不涉《易》，而不知王注之辞亦尚玄！徒知江南义疏诸家之辞尚虚玄，义多浮诞，而不知王注为玄学之宗，江南诸家之所自出也。顾谓"义理可诠，先以辅嗣为本"，宁必为达识乎？虽然，唐之《易》家，有期诠义理而用王弼者，孔颖达之《周易正义》是也；有旁通象数而采虞翻者，李鼎祚之《周易集解》是也。一为三国之魏学，一为三国之吴学。一开宋儒胡、程之先，一植清学惠、张之基。盖李鼎祚《周易集解》凡十七卷，仍用王弼本，惟以《序卦传》散缀六十四卦之首，盖用《毛诗》分冠小序之例。所采凡子夏、孟喜、焦赣、京房、马融、荀爽、郑玄、刘表、何晏、宋衷、虞翻、陆绩、干宝、王肃、王弼、姚信、王廙、张璠、向秀、王凯冲、侯果、蜀才、翟元、韩康伯、何妥、崔憬、沈驎士、卢氏、崔觐、伏曼容、孔颖达、姚规、朱仰之、蔡景君等三十五家之说，而采虞翻尤多。其所自为说，则纯似翻，将欲以刊辅嗣之野文，补康成之逸象，而不采玄爻辰之说。自序谓："王、郑相沿，颇行于代，郑则多参天象，王乃全释人事。且《易》之为道，岂偏于天人哉？”则是于郑、王皆有不足，而博采诸家，以为折衷也。其有拾遗补阙，而搜孔、李所未采者，则有史征之《周易口诀义》凡七卷，自序云：“但举宏机，纂其枢要。先以王注为宗，后约孔疏为理。”然中如《乾象》引周氏说，《乾大象》《革彖》引宋衷说，《屯彖》引李氏说，《师彖》《渐九五》引陆绩说，《师六五》《坎大象》引庄氏说，《谦六五》引张氏说，《贲大象》引王廙说，《颐大象》引荀爽说，《坎上六》引虞氏说，《咸大象》《井大象》《鼎彖》引何妥说，《萃彖》《困大象》引周宏正说，《升彖》《渐彖》引褚氏说，《震九四》《兑大象》引郑众说，《渐大象》引侯果说，多出孔颖达疏及李鼎祚《集解》之外，盖唐去六朝未远，《隋书·经籍志》所载诸家之书，犹有存者，故征得以旁搜博引。虽有文义间涉拙滞，而唐以前解《易》之书，《子夏传》既多属伪撰，郑玄、陆绩注为后儒辑佚，亦非完书，其实存于今者，京房、王弼、孔颖达、李鼎祚四家及史氏此书而五耳，固稽古者所宜珍也。惜李、史二氏，新旧唐书并无传，其人本末不详耳！此唐代《易》学之要删也！然自唐代以王弼注定为正义，于是学《易》者专言名理。惟李鼎祚《集解》不主弼义，博采诸家，以为“刊辅嗣之野文，补康成之逸象”，而后来经生，不能尽从其学。宋儒若胡瑗、程子，言理精粹，自非晋、唐诸儒可及，然于象亦阙焉不详！独金华郑刚中亨仲著《周易窥余》十五卷，兼收汉学，凡荀爽、虞翻、干宝、蜀才、九家之说，皆参互考稽，不主一家，其解义间异先儒，而亦往往有当于理。虽其人附和秦桧，公论不予，然阐发经义，则自出新义，具有理解，要为《易》家所不废也！又古《易》本十二篇，自费直、郑玄以至王弼，递有移掇，孔颖达因弼本而作《正义》，行于唐代，古《易》自此不复存。宋吕大防仲微始考验旧文，作《周易古经》二卷，其后巨野晁说之以道作《古易》十二卷，永嘉薛季宣士龙作《古文周易》十二卷，余姚程迥可久作《古周易》一卷，丹陵李焘仁甫作《周易古经》八篇，昆山吴仁杰斗南作《古周易》十二卷，金华吕祖谦伯恭作《古周易》一卷，大致互相出入，独祖谦书最晚出而较有据，凡分《上经》《下经》《彖上传》《彖下传》《象上传》《象下传》《系辞上传》《系辞下传》《文言传》《说卦传》《序卦传》《杂卦传》，为十二篇。朱子尝为之跋，后作《本义》，即用祖谦而不用王弼焉。然唐代虽定王弼注为正义，而《新唐书·艺文志》著录玄注十卷，是唐时王学盛行，而郑注未堕地也！至北宋尚存玄注《文言》《序卦》《说卦》《杂卦》四篇一卷，见《崇文总目》，而淳熙以后，诸儒罕所称引，盖亡于南宋之初也。庆元王应麟伯厚独能于散佚之余，旁摭诸书，辑《周易郑康成注》一卷，搜罗放失，以存汉《易》之一线。经文异字，亦皆并存。其无经文可存者，则总录于末简。又以玄注多言互体，并取《左传》《礼记》《周礼正义》中论互体者八条，以类附焉。可谓笃志遗经，研心古义者矣！此宋儒之整理古《易》则有然者。虽然，宋儒《易》学之所以独成宋儒者不在此。盖宋儒《易》学之自名一家者甚众，然要其大别，不外象数、义理二宗，而泰州胡瑗翼之，开宋儒义理说《易》之先河；范阳邵雍尧夫，为宋儒象数说《易》之大宗。汉儒言《易》，本多主象数；至宋儒言《易》，而象数之中，复歧出图书一派。此派盖大昌于邵雍，而造端于彭城刘牧长民者也。牧之学，出于洛阳种放名逸，放出亳州陈抟图南，其渊源与邵雍同，而以九为河图，十为洛书，则与雍异，著《易数钩隐图》三卷，附《遗论九事》一卷。其学盛行于仁宗时，黄黎献作《略例隐诀》，吴秘作《通神》，休宁程大昌泰之作《易原》，皆发明牧说。至建阳蔡元定西山则以为与孔安国、刘歆所传不合，而以十为河图，九为洛书。朱子从之，著《易学启蒙》。自是以后，言图书者，皆宗朱、蔡，而牧之图几废焉！然图书之学，刘牧实为别传，而邵雍乃其正宗。雍之子曰伯温子文者，著《易学辨惑》一卷，中叙传授本末，谓："雍《易》受于青社李之才挺之。之才师郓州穆修伯长，修师陈抟。"则是陈抟者，宋儒图书说《易》之祖师也。然宋儒之有陈抟、邵雍，犹汉学之有孟、京，所谓《易》外别传者也！顾或者谓："陈抟以先天图传种放，更三传而至邵雍。放以河图、洛书传李溉，更三传而至刘牧。穆修以《太极图》传周敦颐，再传至程颢、程颐。厥后雍得之，以著《皇极经世》，牧得之，以著《周易钩隐图》，周敦颐得之，以著《太极图说》《通书》，颐得之，以述《易传》。"据朱震《汉上易集传·卦图》之说云尔。其说颇为后人所疑。而朱子亦谓"程子之学，源于周子"。然考之程子《易传》，无一语及太极，而于《观》《大畜》《夬》《渐》诸卦，云"予闻之胡翼之先生""予闻之胡先生曰"者，不一而足，则是程子之学，源于胡瑗，而于周敦颐无征也。倪天隐述其师胡瑗之说，有《周易口义》十二卷，其说《易》以义理为宗，而程子不信邵雍之数。故邵子《皇极经世》以数言《易》，而程子著《易传》四卷，则黜数而崇理，于胡瑗为近。其书以《序卦》分置诸卦之首，依李鼎祚《集解》例，而用王弼注本，但解上下经及《彖》《象》《文言》，亦与王弼注同。朱子《周易本义》，初亦用王弼本，后以吕祖谦《古周易》为本，然大指仍略同王弼，而加详焉。首列九图，末著揲法，大略兼义理、占象而言。附以《易学启蒙》一卷，曰《本图书》《原卦画》《明蓍筮》《考变占》，凡四篇，殆折衷理、数二家之说而无所偏废者乎！蒲江魏了翁鹤山，盖问业于朱子之门人建昌李燔敬子、赵州辅广汉卿者，尝言："辞变象占，《易》之纲领，而繇彖象爻之辞，画爻位虚之别，互反飞伏之说，乘承比应之例，一有不知，则义理阙焉！"其大旨主于以象数求义理，折衷于汉学、宋学之间，辑《周易要义》十卷，虽主于王注、孔疏，而采摭谨严，别裁精审，可谓剪除支蔓，独撷英华者矣！虽然，宋儒《易》学，亦有不言理、不言数，而但言事者。上虞李光泰发《读易详说》十卷、吉水杨万里诚斋《易传》二十卷，其最著者也。光之书，于卦爻之词，皆引证史事。盖援古事以证爻象，始自郑玄，若全经皆证以史，则光书其始也。万里之书，大旨本程子《易传》，而参引史事以证之，则同李光，初名《易外传》，宋代书肆曾与程传并刊，谓之《程杨易传》。顾宋儒诋之者夥，以为足以耸文士之观瞻，而不足以服穷经士之心！然圣人作《易》，本以吉凶悔吝明人事，使天下万世无不知所从违，非徒使上智者矜谈妙悟，如佛家之传心印，道家之授丹诀。自谭《易》者推阐性命，句稽奇偶，其言愈微妙，而于圣人立教牖民之旨，愈南辕而北辙。箕子之贞，鬼方之伐，帝乙之归妹，孔子系辞，何尝不明证史事！依此而推，三百八十四爻，可以例举矣。舍人事而谈天道，正后儒说《易》之病，未可以引史证经为二家病！此一派也。又有不言理数，亦不言事，而言心性者，兹谿杨简敬仲《易传》二十卷、宁德王宗传景孟《童溪易传》三十卷，其最著者也。简之学出金谿陆九渊子静，故其解《易》惟以人心为主。盖自汉以来，以玄空说《易》，始魏王弼；而以心性说《易》，始王宗传及简。宗传之论有"性本无说，圣人本无言"之语，与简文旨相同。

夫弼《易》祖尚玄虚，以阐发义理，汉学至是而始变。宋儒扫除古法，实以王注为蓝本。然胡瑗、程子祖其义理而归诸人事，故似浅近而醇实；宗传及简，祖其玄虚而索诸性天，故似高深而幻窅。此又一派也。然论宋儒《易》学者，要以程子《易传》、朱子《易本义》为大宗。临海董楷正叔者，朱子再传弟子也，尝辑《周易传义》十四卷，合程子传、朱子《本义》为一书，而采二子之遗说，附录其下，意在理数兼通。惟程子传用王弼本，而朱子《本义》则用吕祖谦《古周易》本，楷以程子在前，遂割裂朱子之书，散附程传之后，而朱子所定之古文，仍复淆乱！迨明之成祖，命行在翰林学士胡广等纂《周易大全》，即以楷书为底本，而列之学官，讫有清五百年间，士夫之为学，朝廷之取士，胥以此焉。乡塾之士，遂不复知有古经，则楷肇其端也！于是程传、朱《本义》之《大全本》行，而王注、孔疏亦废搁矣！元、明两代，学者言《易》，大抵不脱宋儒窠臼，独明古义，不囿风气者，惟元天台陈应润之撰《周易爻变易缊》，明海盐姚士粦叔祥之辑陆氏《易解》耳！考陈应润之书凡四卷，大旨谓“义理玄妙之谈，堕于老、庄；先天诸图，杂以《参同契》炉火之说，皆非《易》之本旨”，故其论八卦，惟据《说卦传》“帝出乎震”一节，为八卦之正位，而以“天地定位”一节，邵雍指为先天方位者，定谓八卦相错之用，谓文王演《易》，必不颠倒伏羲之文，致相矛盾。其论太极两仪四象，以天地为两仪，以四方为四象，谓：“未分八卦，不应先有揲蓍之法，分阴阳太少。周子无极太极，二气五行之说，自是一家议论，不可说《易》。”盖自宋以后，毅然破陈抟之学者，自应润始。所注用王弼本，惟有上下经六十四卦。据《春秋左氏传》某卦之某卦例，如《乾》之《姤》曰“潜龙可勿用”，《乾》之《坤》曰“见群龙无首，吉”之类，故名曰爻变。其称一卦可变六十四卦，六爻可变三百八十四爻，即汉焦延寿《易林》之例，盖亦因古占法而推原其变通之意，非臆说也。昔宋王应麟辑郑玄《易注》，为学者所重，而姚士粦抄撮京房《易传注》、李鼎祚《集解》诸书所引之吴陆绩《周易注》，以成陆氏《易解》一卷，虽不及应麟搜讨之勤博，然在陆注久佚之余，而掇拾丛残，存什一于千百，于元、明人《易》家之中，倘亦翘然独秀者矣！若乃师心自悟，暗与古会，足以卓然名一家者，莫如梁山来知德矣鲜，隐万县之深山，精思《易》理，自隆庆庚午至万历戊戌，阅二十九年，而成《周易集注》十六卷。其立说专取《系辞》中错综其数，以论《易象》，而以《杂卦》治之。错者，阴阳对错，如《先天圆图》乾错坤、坎错离八卦相错，是也。综者，一上一下，如屯蒙之类，本是一卦，在下为屯，在上为蒙，载之序卦，是也。其论错，有四正错，有四隅错；论综，有四正综，有四隅综。有以正综隅，有以隅综正。其论象，有卦情之象，有卦画之象，有大象之象，有中爻之象，有错卦之象，有综卦之象，有爻变之象，有占中之象。皆由冥心力索，得其端倪，因而参互旁通，自成一说，当时推为绝学。然上下经各十八卦，本之旧说，而所说中爻之象，亦即汉以来互体之法，特知德纵横推阐，专明斯义，较先儒为详尽耳！既清儒崛起，务摧剥宋学，宏宣汉《易》，别成风气，而首驱除夫难者，要推余姚黄宗羲太冲、宗炎晦木兄弟，暨德清胡渭朏明三氏。初陈抟推阐《易经》，衍为诸图，其图本准《易》而生，故以卦爻反覆研求，无不符合。传者务神其说，遂归其图于伏羲，谓《易》反由图而作。又因《系辞》河图洛书之文，取大衍算数，作五十五点之图，以当河图；取《乾凿度》太乙行九宫法，造四十五点之图，以当洛书。其阴阳奇偶，亦一一与《易》相接应。传者益神其说，又真以为龙马神龟之所负，谓伏羲由此而有先天之图，实则唐以前书，绝无一字之征验，而突出于北宋之初。邵雍、朱子亦但取其数之巧合，而未暇究其太古以来，从谁授受。于是宗羲病其末派之支离，纠其本原之依托，著《易学象数论》六卷，自序云："世儒视象数为绝学，今一一疏通，知于《易》本无干涉，而后反求程传，亦廓清之一端。"又称"王辅嗣注简当无浮义"，而病朱子添入康节先天之学，为添一障，可谓了当。而宗炎著《周易象辞》附《寻门余论》《图书辨惑》二十四卷，大指谓"陈抟之图书，乃道家养生之术"，与元陈应润之说合，而论"四圣相传，不应文王、周公、孔子之外，别有伏羲之《易》，为不传之秘。《周易》未经秦火，不应独禁其图，转为道家藏匿二千年，至陈抟而始出"，则尤笃论也！然皆各据所见，抵其罅隙，尚未能穷溯本末，一一抉所自来。独胡渭著《易图明辨》十卷，辨河图洛书，辨五行九宫，辨《周易参同》先天太极，辨《龙图》《易数钩隐图》，辨《启蒙》图书，辨先天古《易》，辨后天之学，辨卦变，辨象数流弊，大指谓："《诗》《书》《礼》《春秋》，皆不可无图，独《易》无所用图。六十四卦二体六爻之画，即其图也。八卦之次序方位，则乾坤三索、出震齐巽二章尽之矣。"引据旧文，互相参证，以钳依托者之口。于是学者知图书之说，虽言之有故，执之成理，乃修炼、术数二家旁分《易》学之支流，而非作《易》之根柢。视黄氏兄弟所论，尤为穷源竟委，其功不可没也。然此三君子者，于宋儒有推陷廓清之功，而汉学之究宣未极宏。至吴县惠士奇天牧，撰《易说》六卷，以为："今所传《易》出费直

《易》。费本古文，王弼尽改俗书，又创虚象之说，而汉《易》亡矣。易者，象也。圣人观象而系辞，君子观象而玩辞。六十四卦皆实象，安得虚哉？汉儒言《易》，孟喜以卦气，京房以适变，荀爽以升降，郑康成以爻辰，虞翻以纳甲。其说不同，而指归则一，皆不可废。”然士奇博学无所成名，力矫王弼以来空言说经之弊，征引赅备，而失之杂。其子曰栋，字定宇者，博通经史，尤邃于《易》，谓：“孔子作《十翼》，其微言大义，七十子之徒相传，至汉犹有存者。自王弼兴而汉学亡，幸存其略于李氏《集解》。”精研三十年，引伸触类，始得贯通其旨，乃追考汉儒《易》学，掇拾绪论，成《易汉学》八卷，凡《孟长卿易》二卷，《虞仲翔易》一卷，《京君明易》二卷，《干宝易》附见。《郑康成易》一卷，《荀慈明易》一卷，其末一卷，则栋发明汉《易》之理，以辨正河图、洛书先天太极之学。又究汉儒之传，以阐明《易》之本例，凡九十类，成《易例》二卷。汉学之绝者千有伍百余年，至是而灿然复章！又自为解释，成《周易述》二十三卷，专宗虞翻，而参以郑玄、荀爽、宋咸、干宝诸家之说，融会其义，自为注而自疏之。持论尤精警者，孔颖达《正义》据马融、陆绩说，以爻辞为周公作，与郑学异。其所执者，《明夷六五》云“箕子”，升六四云“王用享岐山”，皆文王后事，论者不能夺也。独栋引《春秋传》《禹贡》《尔雅》以证“王用享岐山”之为夏后氏而非文王，而箕子明夷则用汉赵宾之说，疏通证明，以为“箕子”当从古文作“其子”。其，古音亥，亦作箕。刘向云“今《易》箕子作荄兹”，荀爽据以为说，读“箕子”为荄兹。其与亥，子与兹，文异而音义同。《三统历》云：“该阂于亥，孳萌于子。”该、荄亦同物也。五本坤也。坤终于亥，乾出于子，用晦而明，明不可息，故其子之明夷。马融俗儒，不识七十子传《易》之大义，读其为箕，盖涉象传而讹。五为天位，箕子，臣也，而当君位，乖于《易》例甚矣。谬种流传，兆于西汉博士施雠读其为箕。蜀人赵宾述孟氏之学，以为“箕子明夷，阴阳气无箕子。箕子者，万物方荄兹也”。宾据古义，以难诸儒，诸儒皆屈。于是施雠、梁邱贺皆嫉之。孟喜与雠、贺同事田王孙。喜未贵而学独高。喜所传《易家候阴阳灾变书》，得自王孙，而贺恶之，谓无此事。语闻于上。宣帝遂以喜为改师法，中梁邱之谮也。雠、贺嫉喜而并及宾。班固作《喜传》，亦用雠、贺之单词，皆非实录。刘向《别录》犹循孟学。故马融俗说，荀爽独知其非，复用宾古义。虽敢为异论，而不尽合事实，然自是清儒论《易》家多信孟喜真传田王孙学者，其说实自栋发之。然按《汉书·儒林传》云：“赵宾以为箕子明夷，阴阳气无箕子。箕子者，万物方荄滋也。云受孟喜。喜为名之。”此赵宾谓“箕子”二字为荄滋之误也。然则赵宾所见之《易经》本是“箕子”二字矣。虞翻云：“箕子，纣诸父。五，乾天位，今化为坤，箕子之象。”虞翻世传孟氏《易》，而不从荄滋之说，可见孟氏《易》不作荄滋矣。惠栋言《易》尊虞翻，何以于此独不从虞翻乎？此不可解也。惟汉人之《易》，孟、费诸家，各有师承，势不能合。而栋之学宗祢虞翻，有未通，补以郑、荀诸儒，学者以无家法少之。未若武进张惠言皋文治虞翻《易》之为专家绝学也！惠言之论，大指以为：“翻之《易》学，自其高祖父故零陵太守光治孟氏《易》，世传其业，至翻五世。又具见马、郑、宋、荀氏书，考其是否。故其言《易》，以阴阳消息，六爻发挥旁通，升降上下，归于乾元用九而天下治。依物取类，贯穿比附，始若琐碎，及其沉深解剥，离根散叶，畅茂条理，遂于大道，后儒罕能通之。自魏王弼以虚空之言解《易》，唐立之学官，而汉世诸儒之说微！惟郑、荀、虞三家，略有梗概可指说，而虞又较备。然则七十子之微言，田何、杨叔、丁将军之所传者，舍虞氏注奚从也？”故求其条贯，明其统例，释其疑滞，信其亡阙，为《周易虞氏义》九卷；表其大指，为《周易虞氏消息》二卷。又撰《虞氏易礼》《易事》《易候》《易言》及《虞氏略例》，务以探赜索隐，存一家之学焉。惟惠、张二家，咸以汉《易》之亡，归狱王弼，独甘泉焦循理堂明其不然，其大指以为：“东汉末，以《易》学名家者，称荀、刘、马、郑。刘，谓刘景升表。表之学受于王畅。王弼者，刘表之外曾孙，而畅之嗣玄孙也。弼之学，盖渊源于刘，而实根本于畅。兄宏，字正宗，亦撰《易》义。兄弟皆以《易》名，可知其所受者远矣。故弼之《易》，虽参以己见，而解‘箕子’为‘荄兹’，正用赵宾解；又如读‘彭’为‘旁’，借‘雍’为‘甕’，通‘孚’为‘浮’，而训为务躁，解‘斯’为‘厮’，而释为贱役之属，皆以六书通借。解经之法，尚未远于马、郑诸儒，特貌为高简，故疏者概视为空论耳。”因作《周易王氏注补》一卷，可谓持平之论也。考循之《易》本出家学，尝疑一“号咷”也，何以既见于《旅》，又见于《同人》？一“拯马壮”也，何以既见于《复》，又见于《明夷》？密云不雨之象，何以《小畜》与《小过》同辞？甲庚三日之占，何以《蛊》象与《巽》象同例？乃遍读说《易》之书，既悟洞渊九容之术，实通于《易》，乃以数之比例，求《易》之比例。以《易》解《易》，触类求通，成《易通释》二十卷。自谓：“学《易》所悟得者有三：一曰旁通，二曰相错，三曰时行。旁通者，在本卦，初与四易，二与五易，三与上易。本卦无可易，则旁通于他卦，亦初通于四，二通于五，三通于上。先二五，后初四、三上，为当位，不俟二五，而初四、三上先行，为失道。《易》之道惟在变通，二五先行，而上下应之，此变通不穷也。或初四先行，三上先行，则上下不能应，然能变而通之，仍大中而上下应。如《乾》四之《坤》，而成《小畜》《复》，失道矣！变通之，《小畜》二之《豫》五，《姤》二之《复》五；《复》初不能应，《姤》初则能应；《小畜》四不能应，《豫》四则能应。《坎》四之《离》上而成《井》《丰》，失道矣！变通之，《井》二之《噬嗑》五，《丰》五之《涣》二；《丰》上不能应，《涣》上则能应；《井》三不能应，《噬嗑》三则能应。此所谓时行也。比例之义，出于相错。如《睽》二之五为《无妄》，《井》二之《噬嗑》五亦为《无妄》，故《睽》之噬肤，即《噬嗑》之噬肤。《坎》三之《离》上成《丰》，《噬嗑》上之三亦成《丰》，故《丰》之日昃即《离》之日昃，《丰》之日中即《噬嗑》之日中。《渐》上之《归妹》三，《归妹》成《大壮》，《渐》成《蹇》；《蹇》《大壮》相错成《需》，故《归妹》以须之，即《需》也。《归妹》四之《渐》初，《渐》成《家人》，《归妹》成《临》，《临》通《遁》，相错为《谦》；《履》故眇能视，跛能履；《临》二之《五》，即《履》二之《谦》五之比例也。"《易通释》既成，复提其要，为《易图略》八卷，凡图五篇，原八篇，发明旁通、相错、时行之义；论十篇，破旧说之非。复成《易章句》十二卷，总称《雕菰楼易学三书》，共四十卷。盖其为学，不拘汉、魏各师法，惟以卦爻经文比例为主。号啕密云，踪迹甚显；蒺藜樽酒，假借可据。如郭守敬之以实测得天行也，可谓冥心孤往，独辟蹊径者矣！尤旹惠、张诸家，墨守汉《易》，姝姝一先生之言者所可及耶！晚清善化皮锡瑞鹿门撰

《易学通论》，以张惠言为专门，焦循为通学，而谓“学者当先观二家之书”，可谓知言之士！然锡瑞论《易》，崇义理而黜象数，实主王注、程传，据《汉书·儒林传》以证明孟喜阴阳灾变书之不出田王孙，京房纳甲之托孟喜，而深慨清儒惠栋以来重理孟、京之绪之为大惑，曰：“经学有正传，有别传。以《易》而论，别传非独京氏而已，如孟氏之卦气，郑氏之爻辰，皆别传也。又非独《易》而已。如伏传五行，《齐诗》五际，《礼·月令》明堂阴阳说，《春秋公羊》多言灾异，皆别传也。子贡谓‘夫子性与天道，不可得闻’，则孔子删定六经以垂世立教，必不以阴阳五行为宗旨。至孟、京出而汉儒称谶纬，宋人斥谶纬而称图书。其实焦、京之《易》，出阴阳家之占验，虽应在事后，非学《易》之大义；陈、邵之《易》，出道家之修炼，虽数近巧合，非作《易》之本旨，故虽自成一家之学，而于圣人之《易》，实是别传而非正传。近儒于陈、邵之图，辟之不遗余力，而又重理焦、京之说。独焦循说《易》，自辟町畦，以虞氏之旁通，兼荀氏之升降，意在采汉儒之长而去其短，而于孟氏之卦气，京氏之纳甲，郑氏之爻辰，皆驳正之以示后学，曰：‘纳甲卦气，皆《易》之外道。’赵宋儒者辟卦气而用先天。近人知先天之非矣，而复理纳甲卦气之说，不亦唯之与阿哉！”斯又侃侃敷陈，清儒之箴砭也。他如衡阳王夫之而农之《周易稗疏》，萧山毛奇龄大可之《仲氏易》《推易始末》《春秋占筮书》三书，旌德姚配中仲虞之《周易姚氏学》，甘泉江藩郑堂之《周易述补》，震泽陈寿熊献青之《读易汉学私记》，宝应成蓉镜芙卿之《周易释爻例》之属，皆清儒《易》学之有根据、有条理者。虽立说或有未纯，要其创通新解，补苴前贤，多可取者！然《易》道渊深，包罗众义，随得一隙，皆能宛转关通，有所阐发。近儒侯官严复又陵序其所译英儒赫胥黎著《天演论》，则又据《易》理以阐欧学，其大指以为："欧学之最为切实，而执其理可以御蕃变者，名、数、质、力四者之学是已。而吾《易》则名数以为经，质力以为纬，而合而名之曰《易》。大宇之内，质力相推。非质无以见力，非力无以呈质。凡力，皆乾也。凡质，皆坤也。奈端动之例三。其一曰：'静者不自动，动者不自止。动路必直，速率必均。'此所谓旷古之虑。自其例出，而后天学明，人事利者也。而《易》则曰：'乾，其静也专，其动也直。'后二百年，有斯宾塞尔者，以天演自然言化，著书造论，贯天地人而一理之，此亦挽近之绝作也！其为天演界说曰：'翕以合质，辟以出力，始简易而终杂糅。'《易》则曰：'坤，其静也翕，其动也辟。'至于'全力不增减'之说，则有'自强不息'为之先。'凡动必复'之说，则有消息之义居其始，而'《易》不可见，乾坤或几乎息'之旨，尤与'热力平均，天地乃毁'之言相发明。"可谓有味乎其言之也！然严复尚非《易》家也，不过为阐《易》道以欧学者之大辂椎轮而已。至海宁杭辛斋出，精究《易》义，博及诸家传注，而搜藏言《易》之书六百二十余种，并世之言《易》藏者莫备焉！著有《易楔》□卷，《学易笔谈》初集、二集各四卷，《易数偶得》二卷，《愚一录易说订》二卷，《读易杂识》一卷，《改正揲蓍法》一卷。其平日持论以为："易如大明镜，无论以何物映之，莫不适如其本来之象。如君主立宪，义取亲民，为《同人》象；民主立宪，主权在民，为《大有》象；社会政治，无君民上下之分，为《随》象。乃至日光七色，见象于白《贲》；微生虫变化物质，见象于《蛊》。又如《系辞》言'坤，其静也翕，其动也辟'，而所谓辟者，即物理学之所谓离心力也；翕者，即物理学所谓向心力也。凡物之运动，能循其常轨而不息者，皆赖此离心、向心二力之作用。地球之绕日，即此作用之公例也。凡近世所矜为创获者，而《易》皆备其象，明其理于数千年之前。盖理本一原，数无二致。时无古今，地无中外，有偏重而无遍废。中土文明，理重于数，而西国则数胜于理。重理，或流于空谈而鲜实际；泥数，或偏于物质而遗精神。惟《易》则理数兼赅，形上道而形下器，乃足以调剂中西末流之偏，以会其通而宏其指。”此则推而大之，以至于无垠，而异军突起，足为《易》学辟一新涂者焉。纂《周易志》第二。

《尚书志》第三

昔在帝尧，聪明文思，光宅天下，将逊于位，让于虞舜，作《尧典》。虞舜侧微，尧闻之聪明，将使嗣位，历试诸难，作《舜典》。帝厘下土方，设居方，别生分类，作《汩作》、《九共》九篇、《槁饫》。皋陶矢厥谟，禹成厥功，帝舜申之，作《大禹》《皋陶谟》《弃稷》。禹别九州，随山浚川，任土作贡，作《禹贡》。启与有扈战于甘之野，作《甘誓》。太康失邦，昆弟五人，须于洛汭，作《五子之歌》。羲、和湎淫，废时乱日，胤往征之，作《胤征》。自契至于成汤八迁，汤始居亳，从先王居，作《帝告》《厘沃》。汤征诸侯，葛伯不祀，汤始征之，作《汤征》。伊尹去亳适夏，既丑有夏，复归于亳，入自北门，乃遇女鸠、女方，作《女鸠》《女方》。伊尹相汤伐桀，升自陑，遂与桀战于鸣条之野，作《汤誓》。夏师败绩，汤遂从之，遂伐三朡，俘厥宝玉，谊伯、仲伯作《典宝》。汤既胜夏，欲迁其社不可，作《夏社》《疑至》《臣厄》。汤归自夏，至于大坰，仲虺作《诰》。汤既黜夏命，复归于亳，作《汤诰》。伊尹作《咸有一德》。咎单作《明居》。成汤既没，太甲元年，伊尹作《伊训》《肆命》《徂后》。太甲既立，不明，伊尹放诸桐，三年，复归于亳，思庸，伊尹作《太甲》三篇。沃丁既葬伊尹于亳，咎单遂训伊尹事，作《沃丁》。伊陟相太戊，亳有祥桑榖共生于朝，伊陟赞于巫咸，作《咸乂》四篇。太戊赞于伊陟，作《伊陟》《原命》。仲丁迁于嚣，作《仲丁》。河亶甲居相，作《河亶甲》。祖乙圮于耿，作《祖乙》。盘庚五迁，将治亳，殷民咨胥怨，作《盘庚》三篇。高宗梦得说，使百工营求诸野，得诸傅岩，作《说命》三篇。高宗祭成汤，有飞雉升鼎耳而雊，祖己训诸王，作《高宗肜日》《高宗之训》。殷始咎周，周人乘黎，祖伊恐，奔告于受，作《西伯戡黎》。殷既错天命，微子作《诰父师》《少师》。惟十有一年，武王伐殷，一月戊午，师渡孟津，作《太誓》三篇。武王戎车三百两，虎贲三百人，与受战于牧野，作《牧誓》。武王伐殷，往伐归兽，识其政事，作《武成》。武王胜殷杀受，立武庚，以箕子归，作《洪范》。武王既胜殷邦，诸侯班宗彝，作《分器》。西旅献獒，太保作《旅獒》。巢伯来朝，芮伯作《旅巢命》。武王有疾，周公作《金縢》。武王崩，三监及淮夷叛，周公相成王，将黜殷命，作《大诰》。成王既黜殷命，杀武庚，命微子启代殷后，作《微子之命》。唐叔得禾，异亩同颖，献天子，王命唐叔归周公于东，作《归禾》。周公既得命禾，旅天子之命，作《嘉禾》。成王既伐管叔、蔡叔，以殷余民邦康叔，作《康诰》《酒诰》《梓材》。成王在丰，欲宅洛邑，使召公先相宅，作《召诰》。召公既相宅，周公往营成周，使来告卜，作《洛诰》。成周既成，迁殷顽民，周公以王命告，作《多士》。周公作《无逸》。召公为保，周公为师，相成王为左右。召公不悦，周公作《君奭》。成王东伐淮夷，遂践奄，作《成王政》。成王既践奄，将迁其君于蒲姑，周公告召公，作《将蒲姑》。成王归自奄，在宗周诰庶邦，作《多方》。成王既黜殷命，灭淮夷，还归在丰，作《周官》。周公作《立政》。成王既伐东夷，肃慎来贺，王俾荣伯作《贿肃慎之命》。周公在丰，将没，欲葬成周。公薨，成王葬于毕，告周公，作《亳姑》。周公既没，命君陈分正东郊成周，作《君陈》。成王将崩，命毕公、召公率诸侯相康王，作《顾命》。康王既尸天子，遂诰诸侯，作《康王之诰》。康王命作册。毕公分居里，成周郊，作《毕命》。穆王命君牙为周大司徒，作《君牙》。穆王命伯冏为周太仆正，作《冏命》。蔡叔既没，王命蔡仲践诸侯位，作《蔡仲之命》。鲁侯伯禽宅曲阜。徐、夷并兴，东郊不开，作《费誓》。吕侯命穆王训夏赎刑，作《吕刑》。平王锡晋文侯秬鬯、圭瓒，作《文侯之命》。秦穆公伐郑，晋襄公帅师败诸崤，还归，作《秦誓》。至孔子观书于周室，得虞、夏、商、周四代之典，乃断自唐、虞之际，下讫秦穆，芟烦翦浮，举其宏纲，定为《尚书》百篇，而为之序，言其作意。或说："孔子求得黄帝元孙帝魁之书，迄于秦穆，凡三千二百四十篇。断远取近，定其可为世法者一百二十篇，以百二篇为尚书，十八篇为中候。"此据《尚书纬璇玑钤》文也。谓之《尚书》者，梅赜伪孔安国传曰："以其上古之书，谓之尚书。"王肃曰："上所言，下为史所书，故曰尚书也。"盖书之所主，本于号令，所以宣王道之正义，发话言于臣下，故其所载皆典、谟、训、诰、誓、命之文。子夏问《书》大义，孔子曰："吾于帝典见尧、舜之圣焉，于《大禹谟》《皋陶谟》见禹、稷、皋陶之忠勤功勋焉，于《洛诰》见周公之德焉！故帝典可以观美，《大禹谟》《禹贡》可以观事，《皋陶谟》《益稷》可以观政，《洪范》可以观度，《太誓》可以观义，五诰可以观仁，《吕刑》可以观诚。通斯七者,《书》之大义举矣。”三千之徒,并受其学。及秦始皇灭先代典籍,焚书坑儒,天下学士,逃难解散!汉兴,孝文帝时求能治《尚书》者,天下无有,独济南伏生名胜字子贱者,故秦博士,名能治之。欲召,而伏生年九十余,老不能行。于是诏太常,使掌故颍川晁错往受之。秦时禁书,伏生壁藏之,其后大兵起,流亡。汉定,伏生求其书,亡数十篇,独得《尧典》《皋陶谟》《禹贡》《甘誓》《汤誓》《盘庚》《高宗肜日》《西伯戡黎》《微子》《太誓》《牧誓》《洪范》《金縢》《大诰》《康诰》《酒诰》《梓材》《召诰》《洛诰》《多士》《无逸》《君奭》《多方》《立政》《顾命》《费誓》《吕刑》《文侯之命》《秦誓》二十九篇。《汉书·艺文志》载《尚书经》二十九卷,盖即伏生书也。生以教于齐、鲁之间,博引异言,援经申证,撰次《尚书大传》,凡三卷八十三篇。其书兼明大义,不尽释经,而释经可据者,如大麓之野,必是山林;旋机之星,实为北极;祢祖归假,知事死如事生;鸟兽咸变,见物性通人性;十二州之兆祀,是祭星辰;三千条之肉刑,难解画象;七始七律,文犹见于唐山;五服五章,制岂同于周世;三公绌陟,在巡狩之先;重华禅让,居宾客之位;西伯受命,逮六载而称王;元公居摄,阅七年而致政;成王抗法,为世子以迎侯;皇天动威,开《金縢》而改葬。此皆伏生所传古解,而或者以为伏生弟子记也。学者由是颇能言《尚书》。而晁错传伏生书,以教汝阳何比干少卿。诸山东大师无不涉《尚书》以教。最先出者,济南张生及千乘欧阳生,皆伏生弟子也。欧阳生,字和伯,传伏生之学,以授同郡兒宽。而宽又治《古文尚书》于鲁国孔安国。有俊才,举侍御史,见武帝,语经学。上曰:“吾始以《尚书》为朴学,弗好。及闻宽说可观,乃从宽问一篇。”欧阳、大小夏侯氏皆出于宽，传伏生书，而说多违异。如大夏侯说万方之事，大录于君，见《汉书·于定国传》。背伏生大麓之说一矣。小夏侯说周公封弟康叔，号曰孟侯，见《地理志》。背伏生迎侯之说二矣。夏侯说虞宾在位，为不臣丹朱，见《白虎通》。背伏生舜为宾客之说三矣。欧阳、夏侯说天子服十二章、公卿服九章，见《续汉·舆服志》。背伏生五服五章之说四矣。按兒宽为伏生再传弟子，欧阳、大小夏侯之所自出，而欧阳、大小夏侯说多违异伏生者，或者以宽受孔安国《古文尚书》而杂用古文之说也。宽授欧阳生子，世世相传，至曾孙高子阳。由是《尚书》世有欧阳氏学。济南林尊长宾者，事欧阳高，为博士，论石渠，后至少府、太子太傅，传平陵平当子思、梁陈翁生。武帝时，当以经明《禹贡》，使行河，为骑都尉，领河堤，由是陈山川、言治河者，别出《禹贡》为《尚书》专家之学，其端实自平当发之。当至丞相。翁生，信都太傅，家世传业，由是欧阳有平、陈之学。翁生传琅邪殷崇、楚国龚胜君宾。崇为博士，胜右扶风。而平当传九江朱普公文、上党鲍宣子都。普为博士，宣司隶校尉。宣与龚胜，皆著高节，知名者也。济南张生为博士。鲁国夏侯都尉从受《尚书》，以传族子始昌。始昌之族子曰胜长公者，少孤好学，从始昌受《尚书》及《洪范五行传》，说灾异，后事同郡简卿。简卿者，兒宽门人，而胜又从欧阳氏问，为学精熟，非一师也。征为博士光禄大夫。会昭帝崩，昌邑王嗣立，数出，胜当乘舆前谏曰："天久阴不雨，臣下有谋上者。"王怒，谓胜袄言，缚属吏。吏白大将军霍光。是时光与车骑将军张安世谋欲废昌邑王。光让安世以为泄语，安世实不言，乃召问胜。胜对言："《洪范传》曰：'皇之不极，厥罚常阴，时则下人有伐上者。'恶察察言，故言臣下有谋。”光、安世大惊。由是推阴阳言灾异者，别出《洪范》五行为《尚书》专家之学。其端实自夏侯胜发之。胜从父子建字长卿，自师事胜及欧阳高，左右采获，又从五经诸儒问与《尚书》相出入者，牵联以次章句，具文饰说。胜非之曰："建所谓章句小儒，破碎大道。”建亦非胜为学疏略，难以应敌。建卒以自颛门名经，为议郎博士，至太子少傅。胜用《尚书》授上官太后，官长信少府，迁太子太傅，受诏撰《尚书》《论语说》，赐黄金百斤。年九十，卒官，赐冢茔。太后赙钱二百万，为胜素服五日，以报师傅之恩。儒者以为荣！由是《尚书》有大小夏侯之学。齐人周堪少卿、鲁人孔霸次儒，皆事大夏侯胜。霸为博士，堪译官，令论于石渠，经为最高，后为太子少傅，而孔霸以大中大夫授太子。太子即位，为元帝，累擢堪为光禄勋。堪传牟卿疑或牟融之同族。及长安许商长伯。牟卿为博士。霸以帝师赐爵号褒成君，传子光子夏，亦事牟卿，至丞相。由是大夏侯有孔、许之学。许商明《洪范》五行，善推阴阳灾异，著《五行传记》一篇，见《汉书·艺文志》。四至九卿，号其门人沛唐林子高为德行，平陵吴章伟君为言语，重泉王吉少音为政事，齐炔钦幼卿为文学。王莽时，林、吉为九卿，自表上师冢，大夫博士郎吏为许氏学者各从门人会，车数百两，儒者荣之！钦、章皆为博士，徒众尤盛！此大夏侯之学也。传小夏侯之学者，有平陵张山拊长宾为博士，论石渠，至少府。授同县李寻子长、郑宽中少君、山阳张无故子儒、信都秦恭延君、陈留假仓子骄。无故善修章句，为广陵太傅，守小夏侯说文。恭增师法至百万言，为城阳内史。仓以谒者论石渠，至胶东相。宽中以博士授太子，即位为成帝，赐爵关内侯，迁光禄大夫，领尚书，甚尊重。宽中等守师法教授，寻独好《洪范》

灾异，又学天文、月令、阴阳事。由是小夏侯有郑、张、秦、假、李氏之学。宽中传东郡赵玄，无故传沛唐尊伯高，恭传鲁冯宾。宾为博士。尊，王莽太傅。玄，哀帝御史大夫，至大官，知名者也。自武帝立五经博士，《书》惟有欧阳，至宣帝乃增立大小夏侯。夏侯《尚书》依伏生篇数，而欧阳氏则分《盘庚》为三，故《大小夏侯章句》各二十九卷，《大小夏侯解诂》二十九篇，与伏生经二十九卷同，而《欧阳章句》得三十一卷，见《汉书·艺文志》，是为《今文尚书》。《古文尚书》者，出孔子壁中，而藏之者，或说孔腾，或说孔鲋，未详孰是？武帝末，鲁共王坏孔子宅，欲以广其宫，而得《古文尚书》及《礼记》《论语》《孝经》凡数十篇，皆古字也。共王往入其宅，闻鼓琴瑟钟磬之音，于是惧乃止，不坏宅，悉以书还孔氏。孔安国者，孔子十一世孙也。得其书，以所闻伏生之书考论文义，定其可知者，为隶古定，更以竹简写之，增多伏生十六篇，曰《舜典》《汩作》《九共》《大禹谟》《弃稷》《五子之歌》《胤征》《汤诰》《咸有一德》《典宝》《伊训》《肆命》《原命》《武成》《旅獒》《冏命》，内《九共》分为九，则出八篇为二十四篇，而又增析伏生二十九篇之《盘庚》《太誓》皆为三，《汉书·艺文志》著录《尚书古文经》四十六卷，为五十七篇者是也。盖《尚书》兹多于是矣。安国献之，遭巫蛊，未列于学官。安国为谏大夫，以传都尉朝，而司马迁亦从安国问故，撰《史记》，载《尧典》《禹贡》《洪范》《微子》《金縢》诸篇，采今文而不用古文说。都尉朝传胶东庸谭，谭传清河胡常少子，以明《穀梁春秋》为博士、部刺史，又传《左氏》。常传虢徐敖。敖为右扶风掾，又传《毛诗》，授王璜、平陵涂恽子真。子真传河南桑钦君长。世所传百两篇者，出东莱张霸分析，合二十九篇以为数十，又采《左氏传》书叙，为作首尾，凡百二篇。篇或数简，文意浅陋。成帝时，光禄大夫刘向校经传诸子，求《尚书》古文者，霸以能为百两篇征，以中古文校之，非是。是为最先出之《伪古文尚书》。而中古文者，盖即安国所献者也。刘向以中古文校欧阳、大小夏侯三家经文，《酒诰》脱简一，《召诰》脱简二。率简二十五字，脱亦二十五字；简二十二字，脱亦二十二字，文字异者七百有余，脱字数十，而向治《穀梁春秋》，数其祸福，传以《洪范》，成《尚书洪范五行传论》十一卷，《汉书·艺文志》《隋书·经籍志》著录者是也。自孝武时，夏侯始昌通五经，善推《五行传》，以传族子夏侯胜，下及许商，皆以教所贤弟子。其传与刘向同，惟刘歆传独异。歆，向之子也，受诏嗣父领校秘书，贵幸，欲建立《左氏春秋》及《毛诗》《逸礼》《古文尚书》皆列于学官。哀帝令歆与五经博士讲论其义，博士或不肯置对，歆移书太常切责之。诸儒皆怨恨，卒不果立！王莽时，诸学皆立，而王璜、涂恽之传古文《尚书》者，皆贵显矣。由是《尚书》有古文之学。时世祖龙潜在野之长安，受《尚书》于中大夫庐江许子威，未详今古文谁宗。既中兴汉业，立五经博士，《尚书》欧阳、大小夏侯，而古文不与立焉！疑亦习今文《尚书》也。今文欧阳《尚书》，后汉传习最盛。自显宗以下，诸帝者罔不习欧阳焉，则桓氏之故也。沛郡桓荣春卿，少学长安，习欧阳《尚书》，事博士九江朱普，精力不倦，十五年不窥家园，教授徒众数百人。世祖即位，既立显宗为皇太子，选求明经，乃选荣弟子豫章何汤仲弓为虎贲中郎将，以《尚书》授皇太子。世祖从容问汤本师为谁，汤对："事沛国桓荣。"帝即命荣，令说《尚书》，甚善之，拜议郎，人使授太子。每朝会，辄令荣于公卿前敷奏经书。帝称善曰："得生几晚！"会欧阳博士缺，帝欲用荣，荣谦对："经术浅薄，不如同门生郎中彭闳作明、扬州从事皋宏奉卿也！"帝曰："俞！往汝谐！"因拜荣为博士，引闳、宏为议郎。车驾幸太学，会诸博士论难于前，荣被服儒衣，温恭有蕴藉，辨明经义，每以礼让相厌，不以辞长胜人，儒者莫之及！特加恩赏。常令止宿太子宫。积五年，荣荐门下生九江胡宪侍讲，乃能得出，旦一入而已。累擢太常。显宗即位，尊以师礼。尝幸太常府，令荣坐东南，设几杖，会百官及荣门生数百人，天子亲自执业，每言辄曰："太师在是！"会三雍成，拜荣为五更。每大射养老礼毕，帝辄引荣及弟子升堂执经，自为下说；乃封荣为关内侯，食邑五千户。门徒多仕公卿。颍川丁鸿孝公、赵国张禹伯达、汝南张酺孟侯，皆至三公。荣少子郁字仲恩，少以父仕为郎。敦厚笃学，传父业，以《尚书》教授门徒常数百人。荣卒，袭爵。显宗以郁先师子，甚见亲厚。常居中论经书，问以政事，稍迁侍中。帝自制《五家要说章句》，令郁校定于宣明殿。永平十五年，入授皇太子经。太子即位为肃宗，累迁屯骑校尉。和帝即位，富于春秋，侍中窦宪自以帝舅之重，欲令少主颇涉经学，上疏皇太后曰："昔五更桓荣，亲为帝师，子郁，结发敦尚，继传父业，故再以校尉入授先帝父子，给事禁省，更历四世。今白首好礼，经行笃备。宜令郁入教授。"由是迁长乐少府，复入侍讲。顷之，转侍中奉车都尉。永元四年，代丁鸿为太常。郁教授二帝，恩宠甚笃。门人宏农杨震伯起、京兆朱宠仲威，皆至三公。初，荣受朱普学章句四十万言，及荣入授显宗，减为二十三万言，郁复删省，定成十三万言，由是有《桓君大小太常章句》。郁中子焉以父任为郎，能世传其家学。永初元年，入授安帝。而侍中南阳邓宏，亦以帝舅治欧阳《尚书》授帝禁中，然不如焉之三代帝者师，推世儒宗！三迁为侍中步兵校尉。永宁中，顺帝立为皇太子，以焉为太子少傅。月余，迁太傅。顺帝即位，累官太尉。弟子传业者数百人，江夏黄琼世英、宏农杨赐伯献，皆至三公，最知名。孙典字公雅，复传其家业，以《尚书》教授颍川，门徒数百人。桓氏自荣至典，世宗其道，父子兄弟代作帝师，受其业者皆至卿相，显乎当世，而学最高称儒宗者，莫如丁鸿、张酺及杨震、杨赐祖孙父子也！张、杨两氏，家世传经。张酺、杨赐先后帝师，胥足绳徽师门者焉！考之于史：丁鸿年十三，与九江人鲍骏同事桓荣，受欧阳《尚书》，三年而明章句、善论难，为都讲。经学至行，显宗甚贤之！诏征鸿至，即召见说《文侯之命》篇，赐御衣及绶，禀食公车，与博士同礼。肃宗诏鸿与广平王羡及诸儒太常楼望、少府成封、屯骑校尉桓郁、卫士贾逵等论定五经同异于北宫白虎观，使五官中郎将魏应主承制问难，侍中淳于恭上，帝亲称制临决。鸿以才高论难最明，诸儒称之，帝数嗟美焉！时人叹曰："殿中无双丁孝公！"数受赏赐，累擢少府。门下由是益盛，远方至者数千人。彭城刘恺、北海巴茂、九江朱伥，皆至公卿。陈留陈弇叔明，亦受欧阳《尚书》于鸿，仕为蕲长。而鸿累转司徒，行太尉。张酺祖父充，与世祖同门学，通《尚书》。酺传祖业，又事桓荣，勤力不怠，聚徒以百数。显宗为四姓小侯开学于南宫，置五经师，酺以《尚书》教授，数讲于御前，以论难当意，除为郎，赐车马、衣裳，遂令入授皇太子。酺为人质直，守经义。每侍讲间隙，数有匡正之辞，以严见惮。及肃宗即位，擢侍中、虎贲中郎将。数月，出为东郡太守。自酺出后，帝每见诸王师傅，尝言："张酺前入侍讲，屡有谏正，訚訚恻恻，有史鱼之节！”会东巡，幸东郡，引酺及门生并郡县掾吏会庭中，帝先备弟子之仪，使酺讲《尚书》一篇，然后修君臣之礼，赏赐殊特，莫不沾洽。累转太尉司空。子蕃，曾孙济，亦世其学。杨震父宝，本习欧阳《尚书》，而震又受欧阳《尚书》于桓郁，明征博览，无不穷究，诸儒为之语曰："关西夫子杨伯起！”仕至司徒。中子秉，字叔节，少传父业，兼明京氏《易》，博通书传。仕为任城相。桓帝即位，以明《尚书》征入劝讲，拜大中大夫、左中郎将，累转太尉。子即赐也，少传家学，笃志博闻，仕为侍中越骑校尉。建宁初，灵帝当受学，诏太傅三公选通《尚书》桓君《章句》、宿有重名者。三公举赐，乃侍讲于华光殿。迁少师、光禄勋，累转司徒。行辟雍礼，引赐为三老。又拜太尉，封临晋侯。初，赐荐张济明习典训，因与济及太尉刘宽并入侍讲，至是辞不宜独受封赏，愿分户邑宽、济。帝嘉叹，复封宽及济子。宽少学欧阳《尚书》、京氏《易》，尤明《韩诗外传》、星官、风隅、算历，皆究极师法，称为通儒，而以明《尚书》与赐同入侍讲。赐子彪，字文先，亦传家学。此桓氏门下生之传欧阳《尚书》，最为高第者也。其他后汉经师之世传欧阳《尚书》者，曰乐安欧阳氏。自前汉欧阳生传伏生《尚书》，至歙，字王思，八世皆为博士。歙既传业，而恭谦好礼让。世祖即位，累仕迁汝南太守。在郡教授数百人。济阴曹曾，字伯山，从歙受《尚书》，门徒三千人，位至谏议大夫。而汝南高获，字敬公，少游学京师，与光武有旧，亦尝师事歙焉。歙子祉，河南尹，传父业教授。曰上党鲍氏。自前汉鲍宣受欧阳《尚书》于平当，传子永字君长，少有志操，能习欧阳《尚书》。世祖即位，累仕至兖州牧。子昱字文泉，少传父学，客授东平，累官太尉。子德，修志节，亦有名称，至大司农。凡此诸儒，皆授受有原，师承可考者。至师承不可考者：乐安牟长君高少习欧阳《尚书》，不仕王莽。世祖即位，大司空宋弘特辟，拜博士，稍迁河内太守。诸生讲学者常有千余人，著录前后万人。著《尚书章句》四十五万余言，皆本之欧阳氏，俗号为《牟氏章句》。而敦煌张奂字然明者，常受欧阳《尚书》于朱宠，养徒千人，著《尚书记难》三十余万言。顾以为《牟氏章句》浮辞繁多，减为九万言。《后汉书·张奂传》章怀太子注："时牟卿受《书》于张堪，为博士，故有《牟氏章句》。"不知何据。倘参观范《书》诸传，当知《牟氏章句》自指牟长所撰者耳。且牟卿之师系周堪，非张堪，而张堪本传亦不言堪习欧阳《尚书》也。上书桓帝，奏其章句。诏下东观，与牟氏并。牟长子纡又以隐居教授，门生千人。此外又有颍川太守京兆宋登叔阳、太尉河内杜乔叔荣、处士豫章徐稚孺子、汝南太守南阳宗资叔都、处士汝南廖扶文起、侍中蜀郡董扶茂安，皆习欧阳《尚书》，教授数百千人。盖东汉《尚书》今文之学，罔有盛于欧阳氏者矣！其以大夏侯《尚书》教授，可考见者三人，曰辽东太守南阳宋京及子司隶校尉宋意伯意，曰太尉北海牟融子优。曰大司农济阴张驯子儁。以小夏侯《尚书》教授，可考见者一人，曰大司徒司直东海王良仲子。以夏侯《尚书》相传而未详大小何所属者，曰广汉杨统仲通、杨厚仲桓父子。未若欧阳《尚书》传习之盛也。时亦有初习欧阳《尚书》而后受古文者，曰谏议大夫南阳尹敏幼季，世祖初即位，上疏陈《洪范》消灾之术；曰大中大夫陈留杨伦仲理，史称"少为诸生，师事司徒丁鸿，习古文《尚书》"。然余考丁鸿习欧阳《尚书》于桓荣，具如所记，不闻其通古文。倘伦亦如尹敏之初习欧阳《尚书》，而后受古文者耶？古文《尚书》之专习者，曰汝南周防伟公。年十六，仕郡小吏。世祖巡狩汝南，召掾史试经，防尤能诵读，拜为守丞。防以未冠，谒去。师事徐州刺史盖豫，受古文《尚书》。撰《尚书杂记》三十二篇，四十万言。累仕至陈留太守。又有鲁国孔僖仲和、孔昱元世者，安国后也。自安国以下，世传古文《尚书》。古文《尚书》之有孔氏，比之欧阳《尚书》之有欧阳氏矣！其他汝南周磐坚伯、蜀郡张楷公超、颍川刘陶子奇、济阴孙期仲彧、中山刘佑伯祖，亦皆习古文《尚书》。而楷作《尚书注》，陶推三家《尚书》及古文，是正三百余事，名曰中古文《尚书》。然后汉之言古文《尚书》者，胥推扶风杜林伯山为继别之宗。方王莽之败，林则辟兵河西，得漆书古文《尚书》一卷，常宝爱之，虽遭艰困，握持不离身。既还三辅，世祖征拜侍御史，问以经书。京师士大夫咸推博洽。河南郑兴少赣、东海卫宏敬仲等，皆长于古学。兴尝师事刘歆，林既遇之，欣然言曰："林得兴等固谐矣！使宏得林，且有以益之。"及宏见林，暗然而服！济南徐巡，始师事宏，后皆更受林学。林出漆书以示宏等，曰："林流离兵乱，常恐斯经将绝！何意东海卫子、济南徐生复能传之，是道竟不坠于地也！古文虽不合时务，然愿诸生无悔所学！"宏因为作训注。于是古文遂行。林同郡贾逵景伯，亦为作训，而逵之父曰徽者，受古文《尚书》于涂恽。逵传父业，能以大夏侯《尚书》教授。肃宗立，降意儒术，特好古文《尚书》、《左氏传》。建初元年，诏逵入讲北宫白虎观、南宫云台。逵数为帝言古文《尚书》与经传《尔雅》诂训相应。诏令撰欧阳、大小夏侯《尚书》古文同异。逵撰集为三卷，又为杜林传古文《尚书》作训。林同郡马融季长又为作传。北海郑玄康成先受古文《尚书》于东郡张恭祖，既乃西入关，因涿郡卢植子幹事马融，受杜林漆书古文，为作注解。卢植少与郑玄俱事马融，受古学，好研精，作《尚书章句》，其书皆不传，独马融注十一卷、郑玄注九卷，著目《隋书·经籍志》。古文之得大显于世者，则马融、郑玄之力也。郑玄《书赞》云："我先师棘下生子安国亦好此学。自世祖兴后汉，卫、贾、马二三君子之业，则匹材好博，既宣之矣。"《书赞》见《正义》。云"棘下生者"，棘下，地名也。《水经注》二十六卷引郑志曰："张逸问《赞》云：'我先师棘下生，何时人？'郑答云：'齐田氏时善学者所会处也。齐人号之棘下生，无常人也。'"云"子安国"者，尊之为师，故子之也。又云："欧阳氏失其本义。"则是郑玄者固渊原于孔安国氏，而又津逮夫杜林漆书者也。乃马融《书叙》云："逸十六篇，绝无师说。"岂都尉朝、庸生等所传，但习其句读而不解其文谊欤？抑岂先有其说而后亡之欤？彼张楷之注，卫、贾之训，并止解二十九篇而不解十六篇欤？《书叙》，亦见《正义》。厥后郑玄作注，可谓集诸儒之大成矣！其书分《盘庚》《太誓》皆为三篇，分《顾命》"王若曰"以下为《康王之诰》，计三十四篇，合逸篇二十四，凡五十有八篇。然所注者三十四篇而已，岂二十四篇之谊未有闻于师，而不敢以己意说欤？陆德明《经典释文》首卷云："马、郑所注，并伏生所诵，非古文也。"孔颖达《尚书正义》云："郑注《尚书》篇数并与三家同。"是郑未注二十四篇也。抑岂残缺失次，不可读欤？既，议郎陈留蔡邕伯喈以经籍去圣久远，文字多谬，俗儒穿凿，疑误后学，乃与光禄大夫杨赐等奏求正定六经文字。灵帝许之。邕乃自书册于碑，使工镌刻，立于太学门外。于是后儒晚学，咸取正焉。其《尚书》则今文欧阳、夏侯二家之所说也。据《尚书正义》孔颖达序。东海王朗景兴以通经师太尉杨赐，而赐则受欧阳《尚书》于桓焉者也。则王朗者，焉之再传弟子，而亦治欧阳《尚书》者矣。后为会稽太守，为孙策所俘。魏太祖辅汉政，征拜谏议大夫，参司空军事。魏国建，累转司徒。子肃，字子雍，累官中领军，加散骑常侍，以儒宗为名臣，撰《尚书注》十一卷，《尚书驳义》五卷，载《隋书·经籍志》。及高贵乡公讲《尚书》，荥阳郑冲文和以司空执经亲授，与侍中高密郑小同俱被赏赐。郑小同者，郑玄之孙也。则是高贵乡公者，当是治郑注古文《尚书》者矣？既幸太学，与博士论《尚书》，问三事。一事曰："郑玄云：'稽古同天。'言尧同于天也。王肃云：'尧顺考古道而行之。'二义不同，何者为是？"博士庾峻对曰："先儒所执，各有乖异，臣不足以定之。然《洪范》称'三人占，从二人'，贾、马及肃皆以为'顺考古道'。以是言之，肃义为长。"帝曰："仲尼言：'惟天为大，惟尧则之。'尧之大美，在乎则天。'顺考古道'，非其至也。今发篇开义，以明圣德，而舍其大，更称其细，岂作者之意耶？"峻对曰："臣奉师说，未喻大义。至于折中，裁之圣思。"此高贵乡公之申郑黜王也。然王肃之说，与贾、马不违，盖肃善贾、马之说，而不好郑氏，非不通习古文者也。此以知魏以古文《尚书》立博士矣！吴国士大夫之通《尚书》者，独称琅邪诸葛瑾子瑜、广陵张纮子纲。纮治欧阳《尚书》，而瑾少游京师，治《毛诗》《尚书》《左氏春秋》，独《尚书》不详何家。然以《毛诗》《左氏春秋》皆古文推之，当是古文《尚书》也。蜀士无得而称者焉！晋世秘府所藏，有古文《尚书经文》，后无传者！及永嘉之乱，今文欧阳、大小夏侯《尚书》并亡。济南伏生之传，惟刘向父子所传《尚书洪范五行传论》是其本法，而又父子乖戾。江左中兴，元帝时，豫章内史汝南梅赜仲真奏上古文《尚书》孔安国传。然考《汉书·艺文志》叙古文《尚书》，但称“安国献之，遭巫蛊事，未立于学官”，而《儒林传》亦但称“孔安国以今文读之，因以起其家”，不云安国作传，则是安国作传，已嫌羌无依据，而其书析伏生二十九篇为三十三，增益二十五篇，以傅合于刘向《别录》言“《尚书》五十八篇”之数，散百篇之叙，引冠篇端，而亡篇之叙，列次其间。其篇章之离合，篇目之存亡，绝与两汉所传不合，而立说多本王肃。赜自言：“古文《尚书》受之城阳臧曹，而曹受之城阳太守天水梁柳洪季，柳受之扶风苏愉休预，愉受之太保公郑冲。”授受渊原如此。然考郑冲在魏授《尚书》高贵乡公，而高贵乡公讲《尚书》太学，乃据郑注以难王谊，具如前载。然则冲所授高贵乡公者，当是郑氏《尚书》，何缘传自冲之古文《尚书》孔安国传而转本王谊立说者耶？后儒谥之曰伪，非苛诬也。安定皇甫谧士安，梁柳之从舅子也，亦受孔传之古文《尚书》，故作《帝王世纪》，往往载伪孔五十八篇之说。谧高名宿学，儒者宗之，既相赞述，遂翕然信奉，以为孔氏古文于是复出！其书复阙《舜典》一篇。齐明帝时，吴姚方兴于大航头得其书奏上，比马、郑所注多二十八字，于是始列国学。然郑义兼行。梁、陈所讲，有孔、郑二家，北朝惟得郑义，至隋初，始行孔传。其为义疏者，有梁兼国子助教孔子袪撰《尚书义》二十卷、《集注尚书》二十卷，国子助教巢猗撰《尚书百释》三卷、《尚书义》三卷，国子助教费甝撰《尚书义疏》十卷，司徒蔡大宝撰《尚书义疏》三十卷，隋太学博士刘炫撰《尚书述义》二十卷、《尚书义疏》七卷，秘书学士顾彪撰《尚书义疏》二十卷、《尚书文外义》一卷，具载《隋书·经籍志》，皆据梅赜上伪孔安国传古文《尚书》也。隋太学博士刘焯亦为伪孔作疏，聪明博学，与刘炫齐名，时称二刘。刘焯，字士元，信都人。刘炫，字光伯，河间人。至唐孔颖达奉诏纂《五经义疏》，乃因梅赜之伪孔，焯、炫之义疏，撰定《尚书正义》二十卷，序称："古文经虽然早出，晚始得行。其为正义者，蔡大宝、巢猗、费甝、顾彪、刘焯、刘炫等。其诸公旨趣，多或因循，帖释注文，义皆浅略，惟刘焯、刘炫最为详雅。然焯乃织综经文，穿凿孔穴，诡其新见，异彼前儒，非险而更为险，无义而更生义。窃以古人言诰，惟在达情，虽复时或取象，不必辞皆有意。若其言必托数，经悉对文，斯乃鼓怒浪于平流，震惊飙于静树，使教者烦而多惑，学者劳而少功。过犹不及，良为此者也。炫嫌焯之烦杂，就而删焉。虽复微稍省要，又好改张前义，义更太略，辞又过华，虽为文笔之善，乃非开奖之路。义既无义，文又非文，欲使后生，若为领袖，此乃炫之所失，未为得也。"扬榷诸家，傥亦辞严予夺，具有裁断者也耶！惟颖达误以梅赜以上之书为壁中古文而为之正义，反斥郑注《书序》之二十四篇为张霸伪造，而不知世所传百两篇者出张霸，载《汉书·儒林传》甚明，而非郑注《书序》之二十四篇。二十四篇者，合今文为五十七，并叙为五十八，与《汉书·艺文志》、刘向《别录》皆符，而合《九共》为一，则十六篇，又与《汉书·艺文志》相应，是实出于安国，自都尉朝以下，递有师承，信而有征者也。乃颖达云："《艺文志》云：'孔安国者，孔子后也，悉得其书，以古文，又多十六篇。'即是伪书二十四篇也。"是直斥安国所得之壁中古文为伪书矣！夫梅氏之书，不知谁何妄人伪作以诬安国？为安国子孙者，当力辨其非，乃颖达竟信奉以为先祖之书而曲为回护，反斥其先祖之十六篇为伪，是不祖其祖而祖他人！安国何不幸而有此不肖之孽孙哉！由是梅赜之《伪孔传》行，而孔安国之古文《尚书》，马融之所传，郑玄之所注者，胥偕今文欧阳、大小夏侯以俱亡！夫《书》以道政事，儒者不能异说也。诸家聚讼，不外四端：曰今文古文，曰错简，曰《禹贡》山水，曰《洪范》畴数。汉儒发其端，而宋儒演其绪。然宋儒持论多与汉儒不同者，盖汉儒重师法，宋学尚独见；汉儒好附会，宋儒病师心也。《洪范》畴数之说，始西汉今文家，《伏生大传》以下逮京房、刘向诸人，以阴阳灾异，附合《洪范》五事庶征之文，而宋儒又流为象数之学，惟图书同异之是辨，经义愈不能明。独泰州胡瑗翼之生于北宋盛时，学问最为笃实，撰《洪范口义》二卷，务在发明天人合一之旨，不尚新奇，如谓“天锡洪范”为锡自帝尧，不取神龟负文之瑞；谓五行次第为箕子所陈，不辨洛书本文之多寡；谓五福六极之应，通于四海，不当指一身而言。驳正梅传、孔疏，自抒心得。又详引周官之法，推演八政，以经注经，特为精确，其要皆归于建中出治，定皇极为九畴之本，辞虽平近，而深得圣人立训之要，远胜汉儒托圣经而演机祥也！惟瑗明天人合一之旨，立说尚本汉儒。而临川王安石介甫则直持天人不相与、天变不足畏之论，以破伏生、董仲舒、刘向言《洪范》五行灾异之蔽，撰《洪范传》一卷，以庶征所谓“若”者，不当训顺，当训如，盖人君之五事，如天之雨炀寒燠风而已。安石说经好为新解，类如是矣。神宗初，安石以《尚书》入侍，遂与政，而子雱元泽实嗣讲事，有旨为之说，成《新经尚书》十三卷以进，诏下其说太学颁焉。雱盖述其父之学，《王氏三经义》，此其一也。自是朝廷用王氏之说，进退多士。迨徽、钦之际，说经者宗焉。独眉山苏轼子瞻撰《东坡书传》十三卷，多驳异其说。今王氏《新经尚书》不传，不能尽考二家同异。但就《东坡书传》而论，则轼究心经世之学，明于事势，又长于议论，于治乱兴亡，披抉明畅。其释《禹贡》三江，定为南江、中江、北江，本诸郑玄，远有端绪，惟未尝详审经文，考核水道，而附益以味别之说，遂以启后人之议。至于以羲和旷职为贰于羿而忠于夏，则侯官林之奇拙斋宗之；以《康王之诰》服冕为非礼，引《左传》叔向之言为证，则建阳蔡沈九峰取之。朱子《语录》亦称其解《吕刑》篇以“王享国百年耄”作一句，“荒度作刑”作一句，甚合于理；后与《蔡沈帖》，虽有“苏氏失之简”之语，然《语录》又称：“或问：‘诸家书解谁最好，莫是东坡？’曰：‘然。’又问：‘但若失之太简？’曰：‘亦有只须如此解者。’”则又未尝以简为病。洛、闽诸儒以程子被轼讥诃之故，与轼水火，独于此书有取焉！盖宋儒之说《书》者，实推轼及林之奇最条畅云！之奇之持论力排王氏新经，与苏轼同指。中绍兴二十一年进士第，累转校书郎。南渡以后，王氏新经之说已替，而朝廷欲令学者参用其说。之奇上言：“王氏三经，率为新法也。晋人以王、何清谈之罪，深于桀、纣。本朝靖康祸乱，考其端倪，王氏实负王、何之责。在孔、孟书，正所谓邪说诐行，淫辞之不可训者。”虽深文周内，未为实录，然之奇说《书》颇多新解，撰《尚书全解》四十卷，虽止《洛诰》，不为全解，而中以阳鸟为地名，三俊为常伯常任准人，皆未尝依傍前人，至其辨析异同，贯穿史事，覃思积悟，实卓然成一家言。吕祖谦之《书》学，即受诸之奇者也。龙游夏僎柯山，虽不及之奇之门，然撰《尚书详解》二十六卷，反覆条畅，博采梅氏、伪孔、孔颖达、王安石、苏轼、林之奇及诸儒之说，深究详绎，使唐、虞三代之大经大法，灿然明白，而其中取林之奇之说者，实什之六七，盖渊源在是矣。至金华吕祖谦伯恭，初本受学于之奇，撰《东莱书说》十卷，先之《秦誓》《费誓》者，欲自其流而上溯于唐、虞之际也。辞旨所发，不能不敷畅详至者，欲学者易于览习，而优游餍饫以蕲深造自得也。讫于《洛诰》而遂以绝笔者，盖之奇书以是终，而祖谦即以是始，所以终始师说，为《尚书》一家之学也。虽然，凡此诸儒，皆据梅赜《伪孔传》而莫适疑为伪者。疑之，自武夷吴棫才老始！其言曰："伏生传于既耄之时，而安国为隶古，又特定其所可知者；而一篇之中，一简之内，其不可知者，盖不无矣。乃欲以是尽求作书之本意，与夫本末先后之义，其亦可谓难矣！而安国所增多之书，今书目具在，皆文从字顺，非若伏生之书，屈曲聱牙，至有不可读者！夫四代之书，作者不一，乃至二人之手而遂定为二体乎？其亦难言矣！"撰《书裨传》十三卷，首卷举要，曰总说，曰书序，曰君辨，曰臣辨，曰考异，曰诂训，曰差牙，曰孔传，凡八篇。惟其书始出，未为世所深信，故新昌黄度文叔名辈虽视棫差后，吴棫，宣和六年第进士，绍兴中为太常丞，忤秦桧，出为泉州通判。而度绍兴间登进士，宁宗时为御史，劾宰相韩侂胄等。而撰《尚书说》七卷，其训诂仍以《伪孔传》为主。独朱子超然远览，亦疑孔传之伪而著其说于《语录》曰："某疑孔安国书是假书。比毛公书如此高简，大段争事。汉儒训释文字，多是如此，有疑则阙，今此却尽释之。岂有千百前人说底话，收拾于灰烬屋壁中，与口传之余，更无一字讹舛？理会不得如此。可疑也？兼小序皆可疑。《尧典》一篇，自说尧一代为治之次序，至让于舜方止。今却说是让于舜后方作。《舜典》亦是见一代政事之终始，却说历试诸难，是为要受让时作也。至后诸篇皆然。况他先汉文章，重厚有力量。他今大序格致极轻，却疑是晋宋间文章。况孔书是东晋方出，前此诸儒皆不曾见，可疑之甚。”是其抉摘孔传，视棫尤精确不磨者矣！顾朱子晚欲作《书传》，未及为，遂以属门人蔡沈。沈，字仲默，号九峰，建阳人，元定之子也。元定本名儒，尤精《洪范》之数，然未及论著，曰："成吾书者沈也！”沈受父、师之托，沉潜反覆者数十年，然后成《书集传》六卷、《洪范皇极内篇》五卷，发明先儒之所未及。其辨今古文，曰："按汉儒以伏生之书为今文，而谓安国之书为古文。以今考之，则今文多艰涩，而古文反平易。或者以为古文自伏生女子口授晁错时失之，则先秦古书所引之文，皆已如此，恐其未必然也？或者以为记录之实语难工，而润饰之雅词易好，故训诰誓命，有难易之不同，此为近之。然伏生倍文暗诵，乃遍得其所难，而安国考定于科斗古书错乱磨灭之余，反专得其所易，则又有不可晓者。至于诸序之文，或颇与经不合，而安国之序，又绝不类西京文，亦皆可疑？独诸序之本不先传，则赖安国之序而见。”可谓阐明师说，渊源有自者也。其论《洪范》数曰："体天地之撰者，易之象。纪天地之撰者，范之数。数始于一奇，象成于二偶。奇者，数之所以立。偶者，数之所以行。故二四而八，八卦之象也；三三而九，九畴之数也。由是八八而又八八之，为四千九十六，而象备矣；九九而又九九之，为六千五百六十一，而数周矣。《易》更四圣而象已著，《范》锡神禹而数不传。”乃衍《洪范》九数为八十一章，而配以月令节气，欲以拟《易》，实本《易》家焦、京之术；特变《易》数为《洪范》以新耳目，盖开演《范》之一派者，实自沈始焉。惟朱子之说《尚书》，主于通所可通，而阙其所不可通，见于《语录》者不啻再三，而沈之撰《书集传》，于殷盘、周诰，一一必求其解。自序称二典、三谟，经朱子点定，而究其实，所谓朱子点定者，亦不免有所窜易。故宋末兰溪金履祥仁山及元儒休宁陈栎定宇、鄱阳董鼎季亨，皆笃信朱子之学者，而履祥作《尚书表注》，栎作《书传折衷》，鼎作《书传纂注》，咸于沈《集传》断断有辞。其说《禹贡》，大率用衢州毛晃之说。盖晃撰《禹贡指南》四卷，其书大抵引《尔雅》《周礼》《汉志》《水经注》《九域志》诸书，而旁引他说以证古今山水之原委，颇为简明。虽生于南渡之后，僻处一隅，无由睹中原西北之古迹，一一统核其真，而援据考证，独不泥诸儒附会之说，故沈《集传》多用之，亦言《禹贡》山水者所当考证矣！然宋儒言《禹贡》山水者，莫详于休宁程大昌泰之，莫卓于义乌傅寅同叔。盖大昌喜谈地理之学，尝以吏部尚书兼经筵，进讲《禹贡》，阙文疑义，疏说甚详。是《禹贡》实为大昌专门之学。所著《雍录》及《北边备对》，皆刻意冥搜，考寻旧迹，而《禹贡论》六卷，证辨尤详。其中《前论》五卷，于江水、河水、淮水、汉水、济水、弱水、黑水，皆纠旧传之误；《后论》一卷，则专论河水、汴水之患，而殿以《山川地理图》二卷。惟禹迹大抵在中原，而大昌生当南渡，地非亲历，不能阙疑，以此为孝宗所斥。要其援据厘订，实为博洽，后世注《禹贡》者，终不能废其说也。至傅寅所撰之《禹贡说断》四卷，博引众说，断以己意，具有特解，不肯蹈集前人。其论《孟子》“决汝、汉，排淮、泗，而注之江”为古沟洫之法，尤为诸儒所未及，可谓卓然能自抒所见者！足与毛晃之《禹贡指南》、程大昌之《禹贡论》，骖驾而三矣！特毛晃之《禹贡指南》见采于蔡沈《集传》，而程、傅二家，则蔡氏采者少耳。宁宗之世，正蔡氏《集传》初出之时，而安福陈经显之撰《尚书详解》五十卷，独取古注疏，参以新意，与蔡氏颇有异同。虽援后世之事以证古经，或以驳杂为嫌，然赵岐注《孟子》，汉儒已有此例，于经之说《书》奚病！句栉字比，疏证详明，往往发先儒所未发，实足与林之奇、夏僎诸家相为羽翼，固无庸拘蔡氏之学，执一格以相绳也！蒲江魏了翁鹤山者，尝问业于蔡氏之同门建昌李燔敬子、赵州辅广汉卿，而为朱子之再传弟子也，然仍笃信梅氏《伪孔传》之说，摘梅传、孔疏精要之说，标以目次，撰《尚书要义》十七卷、《序说》十卷，未免拘虚。然梅赜当东晋之初，去古未远，先儒旧义，往往而存，注《尚书》者要于诸家为最古！而孔颖达《正义》，诠释谨严，不立同异，而原原本本，考证粲然，故朱子《语录》亦谓"《尚书》名物典制，当看疏文"。然《尚书》文既聱牙，注疏又复浩汗，学者卒业为艰。了翁汰其冗长，使后人不病于芜杂，而一切考证之实学，已精华毕撷，是亦梅传、孔疏之功臣矣。宋儒疑梅传孔氏古文之非真者，自吴棫、朱子、蔡沈始。既，并伏生今文而疑之者，自赵汝谈始。汝谈，字南塘，宋之宗室，撰《书说》三卷，中疑古文非真者五条，盖吴棫、朱子、蔡沈之所尝疑，而未若汝谈之决也。然于伏生所传诸篇，亦多所掊击觝排，傥亦变本加厉者耶？然而勇于疑经，师心自用，未有如金华王柏鲁斋之甚者也。盖柏勇于疑经之不已，抑又勇于改经。撰《书疑》九卷，动以脱简为辞，臆为移补。其并《舜典》于《尧典》，删除姚方兴所撰二十八字，合《益稷》于《皋陶谟》，此有孔颖达《正义》可据者也。以《大禹谟》《皋陶谟》为夏书，此有《左传》可据者也。以《论语》"咨尔舜"二十二字，补"舜让于德弗嗣"之下，其为《尧典》本文，抑或为他书所载，如鬻子述帝王遗语之类，已不可知；以《孟子》"劳之来之"二十二字，补“敬敷五教在宽”之下，则《孟子》明作尧言，柏乃以为舜语，已相矛盾，然亦尚有《论语》《孟子》可据也。至于《尧典》《皋陶谟》《说命》《武成》《洪范》《多士》《多方》《立政》八篇，则纯以意为易置，一概托之于错简，有割一两节者，有割一两句者，何脱简若是之多？而所脱之简，又若是之零星破碎，长短参差，其简之长短广狭，字之行款疏密，茫无一定也。考刘向以中古文校欧阳、大小夏侯三家经文，《酒诰》脱简一，《召诰》脱简二。率简二十五字者，脱亦二十五字；简二十二字者，脱亦二十二字。文字异者七百有余，脱字数十，载《汉书·艺文志》。此实发见脱简之始。然向既校知脱简，自必一一改正，必不听其仍前错乱。又惟言“《酒诰》脱简一，《召诰》脱简二”，则其余并无脱简，可知亦非篇篇悉有颠倒。且“简二十五字者，脱二十五字；简二十二字者，脱二十二字”，具有明文，则必无全脱一章一段之事。而此二十余字之中，亦必无简首恰得句首，简尾恰得句尾，无一句割裂不完之事也。而柏乃托脱简之说，师心自用，勇于改经若此！然宋儒解《书》之作，亦有不以师心为病，而以辑佚为功者。闽人黄伦彝文撰《尚书精义》五十卷，荟萃诸说，依经胪载，不加论断，间有同异，亦两存之。其所征引，自汉迄宋，亦极赅博。惟编次不以时代，每条皆首列钱塘张九成子韶之说，或者疑即袭九成所著《尚书详说》五十卷，而伪托黄氏。然九成《详说》之目，仅见《宋史·艺文志》，久经湮晦，即使果相沿袭，亦未尝不可借是书以传九成书也。他如杨氏绘、顾氏临、周氏范、李氏定、司马氏光、张氏沂、上官氏公裕、王氏日休、王氏当、黄氏君俞、颜氏复、胡氏伸、王氏安石、王氏雱、张氏纲、孔氏武仲、孔氏文仲、陈氏鹏飞、孙氏觉、朱氏震、苏氏洵、吴氏孜、朱氏正大、苏氏子才等，当时著述，并已散佚，遗章剩句，犹得存什一于是编。体裁虽涉泛滥，而裒辑之勤，要亦不可尽没矣。然宋儒《尚书》诸家，最盛传者蔡沈。沈虽承吴棫、朱子之后，疑孔传古文之伪，然言性、言心、言学之语，宋人据以立教者，其端皆发自古文，故沈虽疑之，而不敢论定也。其分编今文古文，自元儒湖州赵孟頫子昂始。其置古文而专释今文，自崇仁吴澄草庐始。惟孟頫以书画名后世，罕知其通经者，乃能灼知古文《尚书》之伪，撰《书今古文集注》而序之曰："《诗》《书》《礼》《乐》《春秋》皆经孔子删定笔削，后世尊之以为经。秦火之后，《乐》遂无复存。《诗》《书》《礼》《春秋》，西汉以来，诸儒有意复古，殷勤收拾，而作伪者出焉！学者不察，尊伪为真，俾得并行以售其欺；《书》之古文是已。嗟夫！《书》之为书，二帝三王之道，于是乎在，不幸而至于亡！于不幸之中，幸而有存者！忍使伪乱其间耶！又幸而觉其伪，忍无述焉以明之，使天下后世常受其欺耶！余故分今文古文而为之集注焉。嗟夫！可与知者道，难与俗人言也！余恐是书之作，知之者寡而不知者之众也！昔子云作《法言》，时无知者，曰：'后世有子云，必爱之矣。'庸讵知今之世，无与我同志者哉？"惜孟頫之书不传。而与孟頫同志者，时独有一吴澄。澄赠别孟頫诗云"识君维扬驿，玉色天人表。伏梅千载事，疑谳一夕了"者也！因撰《书纂言》四卷，专释今文。自序谓"晋世晚出之书，别见于后"，然此四卷以外，实未释古文一篇也。考汉代治《尚书》者，伏生今文传为大小夏侯、欧阳三家；孔安国古文别传都尉朝、庸生、胡常，自为一派。是今文古文本各为师说。澄专释今文，尚为有合于古义，非王柏《书疑》举历代相传之古经，肆意刊削者比。惟其颠倒错简，皆以意自为，则与王柏同讥，然要与孟頫不失为元儒之铮铮者也。元仁宗延祐二年，议复贡举，定《尚书》义用蔡沈《集传》。休宁陈栎定宇初作《书传折衷》，颇论蔡氏之失，迨法制既定，乃改作《尚书集传纂疏》凡六卷，于蔡传有增补、无驳正，而驳正蔡传之《尚书折衷》，乃佚不传。自序称"圣朝科举兴行，诸经、四书，一是以朱子为宗。《书》宗蔡传，固亦宜然"云云。盖延祐设科以后，功令如斯，故不敢有所出入也。然元制犹兼用梅传、孔疏，故吉水王充耘与耕作《书义矜式》，主张题义须依功令，仍得本梅传、孔疏立说，而不用蔡传也。充耘撰《读书管见》二卷，所说与蔡传尤多异同，其中如谓《尧典》乃《舜典》之缘起，本为一篇，故曰虞书；谓九族既睦，既当训尽；谓象以典刑，为各象其罪而加之，非垂象之意；谓同为逆河，以海潮逆入而得名，皆非故为异说者。至彭蠡陈师凯则又于名物度数，蔡传所称引而未详者，一一博引繁称，析其端委，然蔡传歧误之处，则不复纠正，盖如孔颖达诸经《正义》，主于发挥注文，不主于攻驳注文也。独明太祖聪明首出，考验天象，知蔡传日月五星运行之说不合，诏征天下儒臣定正之，命翰林院学士刘三吾等总其事，书成，赐名《书传会选》凡六卷。每传之下，系以经文及传音释，于字音、字义、字体辨之甚详。其传中用古人姓氏、古书名目，必具出处，兼亦考证典故。于蔡传之合者存之，不预立意见以曲肆诋排；其不合者则改之，亦不坚持门户以巧为回护。计所纠正凡六十六条，中如《尧典》谓天左旋，日月五星违天而右旋；《高宗肜日》谓祖庚绎于高宗之庙；《西伯戡黎》谓是武王；《洛诰》惟周公诞保文武受命惟七年，谓周公辅成王之七年，皆采诸家之说以弼蔡传之违，是洪武中尚不以蔡传为主。其专主蔡传，定为功令者，则始自明成祖时行在翰林院学士胡广等之奉敕撰《书传大全》，大旨本陈栎、陈师凯，主于发明蔡传。蔡传旧为六卷，《大全》分为十卷。自是蔡氏传成不刊之典，而梅氏孔传亦若存若亡矣。然明儒有灼知梅氏孔传之伪而驳之者，旌德梅鷟因宋吴棫、朱子及元吴澄之说，作《尚书考异》五卷、《尚书谱》五卷。《尚书谱》尚以空言诋斥，无所依据。如谓孔壁之十六篇，出于孔安国所为，实以臆断之，别无确证。又谓东晋之二十五篇，出于皇甫谧所为，则但据孔颖达疏引《晋书·谧传》从其姑子外弟梁柳得古文一语，其说亦在影响之间。独《尚书考异》谓孔安国序并增多之二十五篇，悉杂取传记中语以成文，则指摘皆有依据。又如谓瀍水出谷城县，《两汉志》并同，晋始省谷城入河北，而孔传乃云出河南北山；积石山在西南羌中，汉昭帝始元六年，始置金城郡，而孔传乃云积石山在金城西南；孔安国卒于汉武时，载在《史记》，则犹在司马迁以前，安得知此地名乎？其为依托，尤佐证显然。连江陈第季立作《尚书疏衍》四卷，乃笃信梅氏孔传，以朱子疑之为非；而于梅鷟《尚书考异》《尚书谱》二编，诋排尤力，以为诪张为幻，过矣！然第学问淹博，所著《毛诗古音考》《屈宋古音义》诸书，皆援据该洽，具有根柢，其作是书，虽其初不由训诂入，而实非师心臆断以空言说经者比；如论《舜典》五瑞、五玉、五器，谓不得以《周礼》释《虞书》，斥注疏家牵合之非，其理确不可易；论《武成》无错简，《洪范》非龟文，亦足破诸儒穿凿附会之说，正未可以拘泥古文排诋梅鷟一事少之矣！惟梅鷟之攻古文，搜采未周，考证尚疏，人多不信；其昌言排击、尽发症结者，则始于清儒太原阎若璩百诗。若璩年二十，读《尚书》，至古文二十五篇，即疑其伪，沈潜三十年，乃引经据古，撰《古文尚书疏证》八卷，一一陈其矛盾之故。所列一百二十八条，其最精者谓：“《汉书·艺文志》言：‘鲁共王坏孔子宅，得古文《尚书》。孔安国以考二十九篇，得多十六篇。’《楚元王传》亦云：‘逸书十六篇，天汉之后，孔安国献之。’古文篇数之见于西汉者如此，而梅赜所上，乃增多二十五篇。此篇数之不合也。杜林、马、郑皆传古文者。据郑氏说，则增多者，《舜典》《汩作》《九共》《大禹谟》《益稷》《五子之歌》《胤征》《典宝》《汤诰》《咸有一德》《伊训》《肆命》《原命》《武成》《旅獒》《冏命》凡十六篇，而《九共》有九篇，故亦称二十四篇，今晚出书无《汩作》《九共》《典宝》等。此篇名之不合也。郑康成注书序，于《仲虺之诰》《太甲》《说命》《微子之命》《蔡仲之命》《周官》《君陈》《毕命》《君牙》皆注曰亡，而于《汩作》《九共》《典宝》《肆命》等皆注曰逸。逸者，即孔壁书也。康成虽云‘受《书》于张恭祖’，然《书赞》称‘我先师子安国亦好此学’，则其渊源于安国明矣；今晚出书与郑名目互异，其果安国之旧耶？古文传自安国，后惟康成所注者得其真。今文传自伏生，后惟蔡邕《石经》所勒者得其正。今晚出书‘宅嵎夷’，郑作‘宅嵎铁’；‘昧谷’，郑作‘柳谷’；‘心腹肾肠’，郑作‘忧肾阳’；‘劓刵劅剠’，郑作‘臏宫劓割头庶剠’，与真古文既不同矣。《石经》残碑遗字，见于洪适《隶释》者五百四十七字。以今孔书校之，不同者甚多。碑云‘高宗之飨国百年’，与今书之‘五十有九年’异。孔叙三宗，以年多少为先后，碑以传叙为次，则与今文又不同。然后知晚出之书，盖不古不今，非伏非孔，而欲别为一家之学者也。《书序》《益稷》本名《弃稷》，马、郑、王三家本皆然，盖别是一篇，中多载后稷与契之言。扬子云《法言·孝至篇》云：‘言合稷、契之谓忠，谟合皋陶之谓嘉。’子云亲见古文，故有此言。晚出《书》析《皋陶谟》之半为《益稷》，则稷与契初无一言，子云岂凿空者耶？班孟坚言：‘司马迁从安国问故。’故《尧典》《禹贡》《洪范》《微子》《金縢》诸篇多古文说。许慎《说文解字》亦云：‘其称书孔氏。’今以《史记》《说文》与晚出书相校，又甚不合。安国注《论语》‘予小子履’，以为墨子引《汤誓》，其辞若此，不云‘此出《汤诰》’，亦不云‘与《汤诰》小异’。然则‘予小子履’云云，非真古文《汤诰》，盖断断也。其注‘虽有周亲，不如仁人’句，于《论语》则云‘亲而不贤不忠，则诛之；管、蔡是也。仁人谓箕子、微子，来则用之’，于《尚书》则云‘周，至也；言纣至亲虽多，不如周家之多仁人’，其诠释相悬绝如此！岂一人之手笔乎？传义多与王肃注合，乃孔窃王，非先有孔说而王取之也。汉儒说六宗者，人人各异。王肃对魏明帝，乃取《家语》孔子曰‘所宗者六’之语，肃以前未闻也，而伪传已有之，非孔窃王而何？”可谓信而有征矣。惟若璩谓马、郑注本亡于永嘉之乱，则殊不然。考二家之注，《隋书·艺文志》尚皆著目，称“所传惟二十九篇”，盖去其无师说者十六篇，止得二十九篇，与伏生数合，非别有一本注孔氏书也。若璩误以郑逸者即为所注之逸篇，不免千虑之一失。又《史记》《汉书》但有安国上古文《尚书》之说，并无受诏作传之事，此伪本凿空之显证，亦辨伪本至要之肯綮，乃置而未言，亦稍疏略。然反覆厘剔，以祛千古之大疑。萧山毛奇龄大可好为驳辨，乃作《古文尚书冤词》八卷，百计以抵若璩之罅，然终不能以强辞夺正理；则有据之言，先立于不可败也。元和惠栋定宇遂因若璩之说，续加考证，成《古文尚书考》二卷，以益阐明郑玄二十四篇之即孔壁真古文焉。

然刊正经文，疏明古注，栋犹未之逮也。由是嘉定王鸣盛西庄搜罗郑注，益以马、王传疏，以注二十九篇，又作案以释郑义，于马、王传疏之与郑异者，则条析其非，折衷郑氏，成《尚书后案》三十卷。吴县江声艮庭又广集汉儒之说以注二十九篇，汉注不备则旁考他书，精研故训，成《尚书集注音疏》十二卷，皆因惠栋之说，鸣盛尝问学于栋，而声则栋之弟子也。而以郑学为宗，证以许慎《说文》，辅以马融传谊，取伪孔之传，辞而辟之，黜其赝而存其真，《古文尚书》之学，乃焕焉重光！其后金坛段玉裁懋堂撰《古文尚书撰异》三十二卷，阳湖孙星衍渊如撰《尚书今古文注疏》三十卷，武进刘逢禄申受撰《尚书今古文集解》三十卷，则又间缉今文与古文异同。其中段玉裁于司马迁《史记》之异马、郑者，皆摈为今文说，斥今文不如古文。独孙星衍持平于西汉今古文，而知伏生今文《书大传》说之胜于马、郑古文；然于今文欧阳、大小夏侯之学，三家师说之异同者，又不暇致详也。邵阳魏源默深乃撰《书古微》十二卷，以发明西汉《尚书》今文之微言大义，而辟东汉马、郑古文之凿空无师传，曰："治《尚书》者知东晋梅赜之伪，以返于马、郑古文本，此齐一变至鲁也。知马、郑古文说之臆造无师授，以返于西汉伏生、欧阳、夏侯及孔安国问故之学，此鲁一变至道也。"侯官陈乔枞朴园又益采摭经史传注及诸子百家之说，成《欧阳夏侯经说考》一卷、《今文尚书叙录》一卷、《今文尚书经说考》三十三卷，实事以求是，必溯师承，沿流以讨源，务随家法，而参详考校，则亦有取于马、郑之传注，为之旁证引伸。于是今文《尚书》之学，亦以兴废继绝。惟清季善化皮锡瑞鹿门撰《书经通论》，谓"马、郑古文与今文驳异，当与伪孔同一不可信者"，则与魏源同其趣，而与乔枞有取马、郑之旨微乖矣！斯亦今文学者之后劲也。其他治《禹贡》者，于清儒当推德清胡渭朏明，因尝与阎若璩共修《一统志》，得纵观天下郡国之书。而渭素习《禹贡》，谓唐孔氏、宋蔡氏于地理多疏舛，如三江当主郑康成“左合汉为北江，右合彭蠡为南江，岷江居其中，则为中江”之说；“浮于淮、泗，达于河”，“河”当从《说文》作“菏”；“荥、波既潴”，当从郑康成本作“播”；梁州之黑水，与导川之黑水，不可溷而为一。乃博稽载籍及古今经解，考其同异而折衷之，依经为训，章别句从，名曰《禹贡锥指》，凡二十卷，为图四十七篇，于九州山川形势及古今郡国分合异同、道里远近夷险，犁然若聚米而画沙也！汉唐以来，河道迁徙，虽非《禹贡》之旧，要为国计民生所系，故于《导河》一章备考历代决溢改流之迹而表以图。盖宋以来，傅寅、程大昌、毛晃而下，注《禹贡》者数十家，精核典赡，此为冠矣！当涂徐文靖位山撰《禹贡会笺》十二卷，又因渭所已言而更推寻所未至，博据诸书，断以己意，较之渭书，益为精密，盖继事者易为功也。渭又撰《洪范正论》五卷，大旨以禹之治水，本于九畴，故首言“鲧湮洪水”，继言“禹乃嗣兴”，终言“天乃锡禹”，则《洪范》为体而《禹贡》为用，互为推阐，厥义乃彰。然主于发明奉若天道之理，而不为汉儒之阴阳灾异，宋儒之象数图书。其辨证前人之说，如谓：“汉人专取灾祥，推衍五行，穿凿附会，事同谶纬。其病一。洛书本文，即‘五行五事’至‘五福六极’二十字，惟‘敬用农用’等十八字，乃为禹所加，与危微精一之心法同旨。初一初二至次九，不过是次第名目，亦非龟文所有。龟之有文，如木石之文理，有可推辨，又如鲁夫人、公子友有文在手之类；宋儒创为黑白之点、方圆之体、九十之位，变书而为图，以至九数十数，刘牧、蔡季通纷纭更定。其病二。又《洪范》原无错简，而宋儒王柏等任意改窜。其病三。”皆切中旧说之失。盖渭经术湛深，学有根柢，故所论一轨于理，而于汉儒附会之谈，宋儒变化之论，咸能一扫而廓除之也！宝应成孺芙卿撰《禹贡班义述》二卷。盖《汉书·地理志》言“推表山川”，本释《禹贡》，两汉经师遗说，多存其中。孺据以释本经，最得家法，援据精博，颛门之学也！又以《班义述》详于考古，乃复拟撰《禹贡今地释》一书，首取今地释汉地，更取汉地证禹迹，期补前书之未备，而惜未成书也。殷虚甲骨者，逊清光绪戊戌、己亥间，河南安阳县西北五里之小屯，洹水崖岸，为水啮而崩，得龟甲牛骨，镌古文字，所记皆殷先王室所卜祭祀、征伐、行幸、田猎之事，故殷先公先王及土地之名，所见甚众。上虞罗振玉叔言撰《殷虚书契考释》，兼及书契中所见之人名、地名及制度、典礼，审释殷帝王名号。海宁王国维静安缵成其业，成《殷卜辞中所见先公先王考》《续考》及《殷周制度论》各一卷；其尤得意者，商自成汤以前，绝无事实，《史记·殷本纪》惟据《世本》纪其世次，而国维于甲骨中发见王亥、王恒之名及上甲以下六代之世系，以甲骨文证补《尚书》，而治《尚书》者辟一新涂径，为好事者之所诵说云。纂《尚书志》第三。

《诗志》第四

诗者，所以导达性灵，歌咏情志者也。在心为志，发言为诗，故哀乐之心感而歌咏之声发。诵其言谓之诗，咏其声谓之歌；故古有采诗之官，王者所以观风俗，知得失，自考正也。夏、殷以上，诗多不存。姬周始自后稷，而公刘克笃前烈，太王肇基王迹，文王光昭前绪，武王克平殷乱，成王、周公化至太平，诵美盛德，踵武相继。幽、厉板荡，怨刺并兴。其后王泽竭而诗亡。鲁太师挚次而录之，得三千余篇。及至孔子去其重，取可施于礼义，上采商，下取鲁，凡三百五篇。曰："诗三百，一言以蔽之，曰'思无邪'。"诗者，持也，持人情性。《关雎》之乱，以为《风》始；《鹿鸣》为《小雅》始，《文王》为《大雅》始；《清庙》为《颂》始。《风》者，圣贤治道之遗化；《雅》以为后世法；《颂》诵德广以美之。三者，诗之体也。《风》有《周南》《召南》，有《邶风》《鄘风》《卫风》《王风》《郑风》《齐风》《魏风》《唐风》《秦风》《陈风》《桧风》《曹风》《豳风》。旧说二南者正风，十三国者变风也。上以风化下，下以风刺上：主文而谲谏，言之者无罪，闻之者足戒，故曰风。至于王道衰，礼义废，政教失，国异政，家殊俗，而变风变雅作矣。国史，明乎得失之迹，伤人伦之废，哀刑政之苛，吟咏性情以风其上，达于事变而怀其旧俗者也。故变风发乎情，止乎礼义。发乎情，民之性也。止乎礼义，先王之泽也。是以一国之事，系一人之本，谓之风。言天下之事，形四方之风，谓之雅。雅者，正也，正言其事，言王政之所由废兴，而与风之主文谲谏者殊科也。政有大小，故有《小雅》焉，有《大雅》焉。《颂》有《周颂》，有《鲁颂》，有《商颂》。颂者，美盛德之形容，以其成功告于神明者也。是谓四始，诗之至也。作诗之法：叙物以言情谓之赋，情尽物者也；索物以托情谓之比，情附物者也；触物以起情谓之兴，物动情者也。赋、比、兴三者与风、雅、颂并称为六义。先王以是敬夫妇，成孝敬，厚人伦，美教化，移风俗。不离日用间，有福天下万世之意，《周南》也。至诚淳恪，秋毫不犯，《召南》也。君子处变，渊静自守，《邶风》也。翩翩有侠气，《齐风》也。忧思深远，《唐风》也。秋声朝气，《秦风》也。深知民情而直体之，《豳风》也。忠厚之至，《小雅》也。振刷精神，宣王《小雅》也。深远，《大雅》也。铺张事业，宣王《大雅》也。天心布声，《周颂》也。谨守礼法，《鲁颂》也。天威大声，《商颂》也。孔子皆弦歌之，以求合韶、武、雅、颂之音；诏群弟子曰："不学诗，无以言。小子何莫学夫诗？"卜商子夏问曰："巧笑倩兮，美目盼兮，素以为绚兮。何谓也？"子曰："绘事后素。"曰："礼后乎？"孔子曰："商也，始可与言诗已矣！"孔子删诗授卜商，商乃檃括诗人本旨，为三百十一篇作序；《史记·孔子世家》云："诗三百五篇，孔子皆弦歌之。"此不数六笙诗也。子夏作序时，六笙诗犹存。授鲁人曾申子西，申授魏人李克，克授鲁人孟仲子，孟仲子授根牟子。根牟子授赵人荀卿名况，年五十，始游学于齐。齐襄王时，荀卿最为老师，善为《诗》《礼》《易》《春秋》，而以《诗》传鲁人毛亨、齐人浮邱伯。鲁人申培公少时尝与国人穆生、白生及楚人刘交俱学《诗》于浮邱伯。交，字游，汉高祖同父少弟也。及秦焚书，各别去。汉兴，交为楚元王，而高祖过鲁，申公以弟子从浮邱伯入见于鲁南宫。吕太后时，浮邱伯在长安。元王遣子郢客与申公俱卒学。申公始为《诗传》，号《鲁诗》，而元王亦撰次《诗传》，号曰《元王诗》，世或有之。元王薨，郢客嗣立为楚王，令申公傅太子戊。戊不好学，病申公。及戊立为王，胥靡申公。申公愧之！归鲁，退居家教，终身不出门。弟子自远方至受业者千余人，而弟子为博士二千石者十余人，居官皆有称；其学官弟子行虽不备而至于大夫、郎、掌故以百数。鲁孔安国传古文《尚书》，然亦受《诗》申公，称高第弟子。申公独以《诗经》为训故以教，亡文；而有《鲁故》二十五卷、《鲁说》二十八卷，见《汉书·艺文志》，盖弟子传录之口义也。疑者则阙勿传。兰陵王臧既从受《诗》，已通，事景帝为太子少傅，免去。武帝初即位，臧乃上书宿卫，累迁，一岁至郎中令。及代赵绾亦尝受《诗》申公，为御史大夫。绾、臧请立明堂以朝诸侯，不能就其事，乃言师申公。于是上使使束帛加璧，安车以蒲裹轮，驾驷迎申公，弟子二人乘轺车从。至见上，上问治乱之事。申公时已八十余，老，对曰："为治者不在多言，愿力行何如耳！"是时上方好文辞，见申公对，默然！然已招致，即以为大中大夫，舍鲁邸，议明堂事。太皇窦太后喜《老子》言，不悦儒术，得绾、臧之过，以让上，因废明堂事，下绾、臧吏，皆自杀！申公亦病免归！申公卒以《诗》《春秋》授，而瑕丘江公尽能传之，徒众最盛。及鲁许生、免中徐公，皆守学教授。鲁国韦贤长孺治《诗》，事博士大江公大江公即瑕丘江公，以异下博士江公，故称大。及许生，兼通《礼》《尚书》，以《诗》教授，号称邹、鲁大儒，征为博士给事中；进授昭帝《诗》，稍迁光禄大夫詹事。至宣帝世，以先帝师，甚见尊重，官丞相。传子玄成少翁，于元帝时，以太常受诏，与太子太傅萧望之及五经诸儒杂论同异于石渠阁，复以明经历位至丞相。故邹、鲁谚曰："遗子黄金满籯，不如一经！"盖为玄成父子言之也。玄成兄子赏，以诗授哀帝，至大司马车骑将军。由是《鲁诗》有韦氏学。东平王式翁思者，事免中徐公及许生，受《诗》，为昌邑王师。昭帝崩，昌邑王嗣立，以行淫乱废，昌邑群臣皆下狱诛，惟中尉王吉、郎中令龚遂以数谏减死论。式系狱当死，治事使者责问曰："师何以亡谏书？"对曰："臣以《诗》三百五篇朝夕授王，至于忠臣孝子之篇，未尝不为王反复诵之也！至于危亡失道之君，未尝不流涕为王深陈之也！臣以三百五篇谏，是以亡谏书。"使者以闻，亦得减死论。归家不教授。沛郡薛广德长卿、山阳张长安幼君先事式，后东平唐长宾、沛褚少孙亦来事式。问经数篇，式谢曰："闻之于师具是矣，自润色之。"不肯复授。唐生、褚生应博士弟子选，诣博士，抠衣登堂，颂礼甚严，试诵说，有法，疑者丘盖不言。诸博士惊问何师？对曰："事式。"皆素闻其贤，共荐式。诏除下为博士。式征来，衣博士衣而不冠，曰："刑余之人，何宜复充礼官！"既至，止舍中，会诸大夫、博士共持酒肉劳式，皆注意高仰之。博士江公世为《鲁诗》宗，至江公著《孝经说》，心嫉式，谓歌吹诸生曰："歌《骊驹》。"《骊驹》者，逸诗篇名，客欲去，歌之者也。于是式言曰："闻之于师，客歌《骊驹》，主人歌《客毋庸归》。今日诸君为主人，日尚早，未可也。”江翁曰：“经何所言之？”式曰：“在曲礼。”江翁曰：“何狗曲也。”式耻之，阳醉逖坠。式客罢，让诸生曰：“我本不欲来，诸生强劝我，竟为竖子所辱！”遂谢病免归终于家。弟子薛广德，温雅有醖藉，以《鲁诗》教授。楚国龚胜君宾、龚舍君倩师事焉。萧望之为御史大夫，除广德为属，数与议论，器之，荐广德经行宜充本朝，为博士，论石渠，迁御史大夫。而张生、唐生、褚生皆为博士。张生论石渠，至淮阳中尉。唐生，楚太傅。由是《鲁诗》有张、唐、褚氏之学。张生兄子游卿，为谏大夫，以《诗》授元帝。其门人王扶为泗水中尉。陈留许晏，字伟君，初受《鲁诗》于王扶，改学曰《许氏章句》，儒林谚曰：“殿上成群许伟君。”由是张家有许氏学。此又《鲁诗》之支流与裔也。《齐诗》始于齐人辕固，固作《诗内外传》。孝景时，以治《诗》为博士，与黄生争论于上前。黄生曰：“汤、武非受命，乃杀也。”固曰：“不然。夫桀、纣荒乱，天下之心，皆归汤、武。因天下之心而诛桀、纣。桀、纣之民弗为使而归汤、武。汤、武不得已而立，非受命为何？”黄生曰：“冠虽敝，必加首。履虽新，必贯足。何者？上下之分也。今桀、纣虽失道，然君上也。汤、武虽圣，臣下也。夫主有失行，臣不正言匡过以尊天子，反因过而诛之，代立南面，非杀而何？”固曰：“必若云，是高皇帝代秦即天子之位，非耶？”于是上曰：“食肉毋食马肝，未为不知味也；言学者毋言汤、武受命，不为愚！”遂罢。窦太后好《老子》书，召问固。固曰：“此家人言耳！”太后怒曰：“安得司空城旦书乎？”道家以儒、法为急，比之于律令也。乃使固入圈击彘。上知太后怒，而固言直，无辜；乃假固利兵下。下圈刺彘，正中其心，彘应手而倒。太后无如何。后上以固廉直，拜为清河太傅；疾免。武帝初即位，复以贤良征。诸儒多嫉毁曰：“固老！”罢归之。时固已九十余矣。菑川公孙弘，固弟子也，亦征，仄目视固。固曰：“公孙子务正学以言，无曲学以阿世。”诸齐以《诗》显贵，皆固之弟子也。鲁人夏侯始昌最能传固学。始昌亦事公孙宏，以《齐诗》《尚书》教授。自董仲舒、韩婴死后，武帝得始昌，甚重之。时昌邑王以少子爱，为选师，始昌为太傅。后苍，字近君，东海人也，事夏侯始昌。始昌通五经。苍亦通诗、礼，而《诗》有《齐后氏故》二十卷、《齐后氏传》三十九卷，见《汉书·艺文志》。为博士，至少府。授学同郡翼奉少君、萧望之长倩、匡衡稚珪，三人经术皆明。衡为后进，望之施之政事，而奉惇学不仕，好律历阴阳之占。元帝初即位，诸儒荐之，征待诏宦者署，言事数验。宴见，天子敬焉。自称于天子曰：“臣闻之师曰：‘天地设位，悬日月，布星辰，分阴阳，定四时，列五行，以视圣人，名之曰道。圣人见道，然后知王治之象，故画州土，建君臣，立律历，陈成败，以视贤者，名之曰经。贤者见经，然后知人道之务，则《诗》《书》《易》《春秋》《礼》《乐》是也。《易》有阴阳，《诗》有五际，《诗内传》曰：五际，卯、酉、午、戌、亥也。阴阳终始际会之岁，于此则有变改之政也。《春秋》有灾异，皆列终始，推得失，考天心，以言王道之安危。至秦乃不悦，伤之以法，是以大道不通，至于灭亡。’今陛下圣明，深怀要道，烛临万方。臣奉窃学《齐诗》，闻五际之要《十月之交》篇，知日蚀、地震之效，昭然可明，犹巢居知风，穴处知雨，亦不足多，适所习耳。”以郎中为博士谏议大夫。由是《齐诗》有翼氏学，最为后苍高第弟子者也。萧望之好学，治《齐诗》，事后苍且十年，以令诣太常受业，复事同学博士白奇，又从始昌族子夏侯胜问《论语》《礼服》，京师诸儒称述焉。宣帝闻望之名，拜为谒者，累迁至二千石，浸益任用。以言事见罪，遂见废，不得相，为太子太傅。以《论语》《礼服》授皇太子，即元帝也。寻拜前将军，受遗诏辅政，领尚书事。匡衡于望之为后生，然好学，尤精力过绝人。诸儒为之语曰："无说诗，匡鼎来！匡说诗，解人颐！"衡射策甲科，除为太常掌故，调补平原文学。学者多上书荐衡"经明，当世少双！今为文学就官，京师后进，皆欲从衡平原，衡不宜在远方"。事下太子太傅萧望之、少府梁邱贺问衡对诗诸大义，其对深美。望之奏"衡经学精习，说有师道，可观览"。宣帝不甚用儒，遣衡归官。而皇太子见衡对，私善之。元帝即位，以为郎中，迁博士，给事中，为太子少傅。数上疏陈便宜，及朝廷有政议，傅经以对，言多法义。遂拜丞相，封乐安侯。子咸，亦明经，历位九卿。家世多为博士者。由是《齐诗》有匡衡之学。衡授琅邪师丹公仲、伏理斿君、颍川满昌君都。君都为詹事，授九江张邯、琅邪皮容，皆至大官，徒众极盛。理以《诗》授成帝，为高密太傅，家世传业。而丹为哀帝大司空，以言事不合上意，策免。尚书令唐林上疏为讼直，言"丹经为世儒宗，德为国黄耇"。尤为有名。由是《齐诗》有师丹、伏理之学。长安班伯少受《诗》于师丹，以妹为成帝倢伃。帝舅大将军王凤荐伯宜劝学，召见晏昵殿，容貌甚丽，诵说有法，拜为中常侍。时上方向学，平陵郑宽中少君、河内张禹子文，朝夕入说《尚书》《论语》于金华殿中。诏伯受焉，即通大义，又讲异同于长安许商长伯，累官侍中光禄大夫。禁中设宴饮之会，伯言："《诗》《书》淫乱之戒，其原皆在于酒。"上乃喟然叹曰："吾久不见班生！今日复闻谠言！"遂罢酒。此《齐诗》之学也。《韩诗》出自燕人韩婴。婴推诗人之意，而作《内外传》数万言。其语颇与齐、鲁间殊，然指归则一；有《韩内传》四卷、《韩外传》六卷、《韩故》三十六卷、《韩说》四十一卷，见《汉书·艺文志》，只存《外传》，析十篇，其及经盖寡，而遗说往往见于他书，不知果韩生原书否也？燕、赵间言《诗》者由韩生。韩生，孝文时为博士，景帝时至常山太傅，亦以《易》授人，推《易》意而为之传。燕、赵间好《诗》，故其《易》微，唯韩氏自传之。武帝时，婴尝与董仲舒论于上前，其人精悍，处事分明，仲舒不能难也。后其孙商为博士。孝宣时涿郡韩生，其后也，以《易》征，待诏殿中，曰："所受《易》，即先太傅所传也。尝受《韩诗》，不如韩氏《易》深，太傅故专传之。"司隶校尉盖宽饶本受《易》于东海孟喜，见涿韩生说《易》而好之，即更从受焉。顾韩生之《易》卒不传。韩生之《诗》，授之淮南贲生、河内赵子，而赵子以授同郡蔡谊。谊以明经给事大将军卫青幕府。昭帝时，诏求能为《韩诗》者，征谊待诏，久不进见。谊上疏曰："臣山东草莱之人，行能亡所比，容貌不及众，然而不弃人伦者，窃以臣闻道于先师，自托于经术也。愿赐清闲之燕，得尽精思于前。"上召见谊说《诗》，甚悦，擢为光禄大夫，给事中，进授昭帝。数岁，累拜丞相，封阳平侯，传其学于同郡食子公与琅邪王吉子阳。吉为昌邑王中尉。而王好游猎，驱驰国中，动作无节。吉引诗上疏谏争，甚得辅弼之义，虽不治民，国中莫不敬重焉！昌邑王败，吉以罪废。宣帝时，征起为博士谏大夫。而食子公亦为博士，授泰山栗丰。吉授淄川长孙顺。顺为博士，丰部刺史。而顺授东海髪福，丰授山阳张就，皆至大官，徒众尤盛。由是《韩诗》有王、食、长孙之学。《韩诗》与《齐诗》《鲁诗》三家并立学官，置博士，然齐辕固、燕韩生之师说莫详，其为传或取《春秋》，采杂说；咸非其本义与不得已；而儒者以为鲁最为近。何者？鲁申公之学，传自荀卿，而溯之子夏，于三家为有据也。鲁国毛亨亦受学荀卿，以《毛诗》别自名家，自谓子夏所传。惟子夏序《诗》，篇义各编，遭战国至秦而《南陔六诗》亡！亨乃引《序》，各冠篇首，作《故训传》三十卷，多记古文，倍详前典，或引申，或假借，或互训，或通释，或文生上下而亡害，或辞用顺逆而不违，要明乎世次得失之迹，而吟咏情性，有以合乎诗人之本旨。故曰："读《诗》不读《序》，无本之教也。读《诗》与《序》而不读《故训传》，失守之学也！"文简而义赡，语正而道精，以授赵国毛苌。时人谓亨为大毛公，苌为小毛公。二毛公《诗》用古文，鲁、齐、韩三家则用今文。《汉书·艺文志》载"《诗经》二十八卷，鲁、齐、韩三家。《毛诗》二十九卷"，是经文惟《毛诗》为别本，而鲁、齐、韩三家经则同一本，盖今古文殊也。惟序用子夏，则三家与《毛诗》同。观蔡邕本治《鲁诗》，而所作《独断》载《鲁颂》三十一篇之序二句，与毛序文有详略，而大旨略同。《唐书·艺文志》称《韩诗》卜商序，韩婴注，二十二卷。是《韩诗》亦有序，其序亦称出子夏矣。顾《毛诗》不得置博士，与三家并。独河间献王修学好古，于国中立毛氏《诗》博士，以毛苌为之。苌授同国贯长卿。长卿授齐人解延年。延年为阿武令，授虢徐敖。世之言《毛诗》者本之徐敖。敖授九江陈侠，而侠于平帝之世，公车征说《诗》，自是《毛诗》始得列于汉廷，为置博士焉。王莽篡汉位，以陈侠为讲学大夫，授《诗》九江谢曼卿，为《诗训》。既光武中兴，立五经博士。《易》施、孟、梁邱，《书》欧阳、夏侯，《礼》大小戴，《春秋》严、颜，皆用今文；独《诗》齐、鲁、韩、毛今古文并立。顾炎武言："《后汉书·儒林传》'《诗》齐、鲁、韩、毛'，毛字为衍文。"然《毛诗》初不大显！于时《鲁诗》世家，称平原高诩季回，自其曾祖父嘉以《鲁诗》授元帝，仕上谷太守。父容，少传嘉学，哀、平间为光禄大夫。诩以父任为郎中，世传《鲁诗》，以信行清操知名。王莽篡位，父子称盲，逃不仕莽世。光武即位，再征为博士，寻拜大司农，在朝以方正称。而《齐诗》世家，称琅邪伏湛惠公，其九世祖胜传《尚书》，所谓济南伏生者也。自父理学《诗》匡衡，别自名学；传业于湛，教授数百人。成帝时，以父任为博士弟子。王莽败，仓猝兵起，天下惊扰，而湛独晏然，不废教授。光武即位，知湛名儒旧臣，才堪宰相，征拜尚书，再迁大司徒，封阳都侯。弟黯字稚文，以明《齐诗》，改定章句，作《解说》九篇；位至光禄勋。黯子恭，字叔齐，太常试经第一，拜博士，迁常山太守，敦修学校，教授不辍。由是北州多为伏氏学。明帝时，天子临辟雍，于行礼中拜恭为司空，儒者以为荣！初父黯章句繁多，恭乃省减浮辞，定为二十万言。既肃宗行飨礼，遂拜恭为三老；于《诗》学最为儒宗也！《韩诗》世家，称淮阳薛汉公子，世习《韩诗》，有《薛氏章句》二十二卷，见《隋书·经籍志》。汉传父业，尤善说灾异谶纬，教授常数百人。光武即位，为博士，受诏校定图谶。当世言《诗》者推汉为长！弟子犍为杜抚叔和、京兆廉范叔度、会稽澹台敬伯、钜鹿韩伯高最知名，而抚才尤高，传汉学，定《韩诗章句》，弟子千余人，所作《诗题》，下有脱字。按《华阳国志》云："林抚作《诗通议说》。"文约义通，学者传之，曰杜君注。此鲁、齐、韩三家《诗》世家也。其它治《鲁诗》者，曰太傅南阳卓茂子康、司徒扶风鲁恭仲康及弟侍中丕叔陵、谏议大夫沛陈宣子兴、大鸿胪会稽包咸子良、骑都尉任城魏应君伯、侍御史豫章陈重景公、南顿令豫章雷义仲公、太尉汝南李咸元章、处士鄮李炳子然、琅邪王傅、陈留蔡朗仲明、屯骑校尉山阳鲁峻仲严。治《齐诗》者，曰伏波将军扶风马援文渊、处士蜀郡任末叔本、广汉景鸾汉伯、大鸿胪颍川陈纪元方。治《韩诗》者，曰长沙太守汝南郅恽君章、太山都尉梁国夏恭敬国、云阳令扶风朱勃叔阳、处士会稽赵晔长君、阆中令巴郡杨仁文义、光禄勋寿春召驯伯春、武威太守安定李恂叔英、郎中豫章唐檀子产、处士山阳张匡文通、辽东属国都尉北海公沙穆文乂、处士汝南廖扶文起、车骑将军巴郡冯绲鸿卿、大将军安定梁商伯夏、司空河内杜乔叔荣、太尉宏农刘宽文饶、东海相京兆韦著休明，皆有名字载在史策。而《韩诗》极盛。赵晔受学杜抚，撰《韩诗谱》二卷、《诗神泉》一卷。又有侯苞者，作《韩诗翼要》十卷，见《隋书·经籍志》。独东海卫宏敬仲、扶风贾逵景伯，于中兴之初，学《毛诗》于谢曼卿。而逵作《齐鲁韩诗与毛氏异同》，又有《毛诗杂议难》十卷，见《隋书·经籍志》，则非笃信于毛者也。独宏作《毛诗序》，善得《风雅》之旨。河南郑众仲师、汝南许慎叔重，亦稍稍治《毛诗》。然在廷诸臣，犹崇韩故，兼习鲁训。而作《毛诗传》者，自扶风马融季长始也。北海郑玄康成初从东郡张恭祖受《韩诗》，既，事马融，治《诗》乃一于宗毛；毛义若隐略，则更表明；如有不同，即下己意而为识别，如今人之签记，积而成帙，凡二十卷，谓之曰笺。郑笺行而毛学昌，三家微矣！然郑笺兼用韩、鲁，以补缺拾遗于毛；与毛传时有异同。炎汉祚衰，三国分崩，魏有太子文学东平刘桢公幹撰《毛诗义问》十卷，秘书郎刘璠撰《毛诗义》四卷、《毛诗笺传是非》二卷，谢沈撰《毛诗注》二十卷、《毛诗释义》十卷，见《隋书·经籍志》，不知于义云何？独太常东海王肃子雍灼知郑笺之异毛，撰《毛诗义驳》八卷、《毛诗问难》二卷、《毛诗奏事》一卷，以申毛难郑，益阐毛义，撰《毛诗注》二十卷。而司空东莱王基伯舆撰《毛诗答问》、《驳谱》合八卷，见《隋书·经籍志》。其中《毛诗驳》五卷，则申郑玄而难王肃者也。由是《毛诗》有郑玄、王肃二家之学。此魏之治《毛诗》者也。吴之治《毛诗》者，有太常卿徐整撰《毛诗谱》三卷，侍中韦昭、侍中朱育等撰《毛诗答杂问》七卷，见《隋书·经籍志》，皆不传。独太子中庶子乌程令吴郡陆玑元恪撰《毛诗草木虫鱼疏》二卷，为后人辑佚，廑存。盖虫鱼草木，今昔异名，年代迢遥，传疑弥甚！而玑去古未远，疏解犹为得真；后来之笺毛者，咸以玑书为据也。末附《四家诗源流》四篇，而《毛诗》为特详者，则宗毛之故也。蜀之治《毛诗》者无闻。而治《韩诗》者，魏有中尉河东崔琰季珪，吴有会稽都尉广陵张纮子纲，蜀有大鸿胪蜀郡杜琼伯瑜、安汉令蜀郡何随季业。而杜琼著《韩诗章句》十余万言。至崔琰晚事郑玄，当亦兼习《毛故》者也。齐、鲁之诗，学者耗矣亡焉！晋禅魏祚，《韩诗》虽存，亦无传者！儒生研诵，独有《毛诗》，而郑、王异说，攻难互起。长沙太守孙毓撰《毛诗异同评》十卷，恢张王说。而徐州从事陈统又明郑义，作《难孙氏毛诗评》四卷。其它宏农太守河东郭璞景纯撰《毛诗拾遗》一卷，给事郎杨乂撰《毛诗辨异》三卷、《毛诗异义》二卷，具见《隋书·经籍志》，疑又毛公之补缺拾遗者也。宋、齐、梁、陈，继晋而作。言《毛诗》者，则宋有中散大夫徐广撰《毛诗背隐义》二卷，奉朝请孙畅之撰《毛诗引辨》一卷、《毛诗序义》七卷，金紫光禄大夫何偃撰《毛诗释》一卷，通直郎雷次宗撰《毛诗序义》二卷、《毛诗义》一卷，交州刺史阮珍之撰《毛诗序注》一卷；齐有处士刘瓛撰《毛诗序义疏》四卷、《毛诗编次义》一卷，顾欢撰《毛诗集解叙义》一卷；梁有武帝撰《毛诗发题序义》一卷、《毛诗大义》十一卷，简文帝撰《毛诗十五国风义》二十卷，桂州刺史崔灵恩《集注毛诗》二十四卷，给事郎谢昙济撰《毛诗检漏义》二卷，处士陶弘景《毛诗序注》一卷，何胤撰《毛诗隐义》十卷，舒援撰《毛诗义疏》二十卷，具见《隋书·经籍志》，皆谨守毛公而为之笺明疏证其义尔！独宋奉朝请业遵所注，立义多异，凡二十卷，谓之《业诗》，虽世所不行，然于《毛诗》极盛之后，卓然别自名家，而不欲为毛公之舆台，亦可谓畸士也！北学宗毛，无殊南朝；其著有成书者，则有魏之安丰王元延明撰《毛诗谊府》二十八卷，太常卿刘芳撰《毛诗笺音证》十卷，萧岿散骑常侍沈重撰《毛诗义疏》二十八卷。隋有太学博士景城刘炫光伯撰《毛诗述义》四十卷、《毛诗集小序》一卷，信都刘焯士元撰《毛诗义疏》二十九卷，国子助教余杭鲁世达撰《毛诗章句义疏》四十卷、《毛诗并注音》八卷。其间聪颖特达，曰焯曰炫，并称二刘，笺毛疏义，文而又儒；擢秀干于一时，骋绝辔于千里，固诸儒之所揖让，日下称为无双者也！所惜者，负恃才气，轻鄙先达，同其所异，异其所同，或应略而反详，或宜详而更略，准其绳墨，差忒未免，勘其会同，时有颠踬！至唐贞观十六年，诏国子祭酒孔颖达等因郑玄之笺，撰定《毛诗正义》四十卷；而郑学日章，王注以熸；其书以刘焯《义疏》、刘炫《述义》为稿本，删其所繁，增其所简，而草木虫鱼，则取裁陆玑之疏，故能融贯群言，包罗古义，集毛学之大成！终唐之世，人无异辞，惟颖达《正义》之于《诗序》，引旧说云："起'《关雎》，后妃之德也'至'用之邦国焉'，名《关雎序》，谓之《小序》。自'风风也'讫末，名为《大序》。"沈重云："案郑诗谱意，《大序》是子夏作，《小序》是子夏、毛公合作。卜商意有不尽，毛公足成之。"或云："《小序》是东海卫敬仲所作。"具列两说，而不为论定。盖其慎也！独成伯玙撰《毛诗指说》一卷，乃据郑诗谱意而定《小序》首句为子夏所传，其下为毛苌所续。谓："众篇之《小序》，子夏惟裁初句耳！'《葛覃》，后妃之本也。''《鸿雁》，美宣王也。'如此之类是也。其下皆大毛公自以诗中之意而系其辞云尔。"虽佐证未备，而决别疑似，于说《诗》者亦足以裨参证焉！然自孔颖达而后，说《诗》者莫敢疑毛、郑；虽老师宿儒，亦谨守《小序》。至宋而新义日增，旧说几废，推原所始，实发端于庐陵欧阳修永叔。修文章名一世，而经术亦复湛深，撰《毛诗本义》十六卷。其书先为论，以辨毛、郑之失，然后断以己见。凡为说一百有四篇，《统解》十篇，《时世》《本末》二论，《豳》《鲁》《序》三问，而《补亡郑谱》及《诗图总序》附于后。然修之言曰："后之学者，因述先世之所传而较得失，或有之矣！使徒抱焚余残脱之经，伥伥于去圣人千百年后，不见先儒中间之说，而欲特立一家之学者，果有能哉？吾未之信也。"又曰："先儒于经不能无失，而所得固已多矣。尽其说而理有不通，然后以论正之。"是修作是书，本出于和气平心，以意逆志，故其立论虽不曲徇毛、郑，而亦未尝轻议毛、郑。后之学者或务立新奇，自矜独得，甚者删窜二南，则变本加厉之过，固不得以滥觞之始归咎于修矣！修之门下士眉山苏辙子由乃撰《诗集传》二十卷。其说以《诗》之《小序》，反覆繁重，类非一人之辞，疑为毛公之学，卫宏之所集录，而不取子夏之说；因惟存其发端一言，而余文悉删。然辙于毛公之说，曰“独采其可者，见于今传；其尤不可者，皆明著其失”。是辙于毛公之学，亦未一笔抹杀，而务持其平；犹之修之用心也。临川王安石介甫与苏辙同辈，而神宗倚畀作相，置经义局，以安石提举修定其《新经诗义》三十卷，大指依据毛公；安石训其义，而训其辞者则其子雱元泽。盖亦王氏新经三书之一也。安石又撰《字说》二十卷，以相辅翼，与三经并颁学官，于是宋之学风一变。然多袭其义理，而传安石名物训诂之学者，曰山阴陆佃农师、仙游蔡卞元度。佃，安石客；卞，安石婿也。佃作《埤雅》，卞作《毛诗名物解》，大指皆以《字说》为宗。而卞之书二十卷，凡十一类，曰《释天》《释百穀》《释草》《释木》《释鸟》《释兽》《释虫》《释鱼》《释马》《杂释》《杂解》。论者或诋其议论穿凿，征引琐碎，无裨于经义。然征引发明，有出于陆玑《草木虫鱼疏》、孔颖达《正义》外者。安石之《新经诗义》不传，而卞之学出于安石，此可以考见安石《新经诗义》之一斑焉。然安石《新经诗义》，于毛公尚少诃辞。而诋毛公，废《诗序》，毅然力持，昌言不忌者，其自南宋莆田郑樵渔仲始乎！樵之学虽自成一家，而师心自是，撰《夹漈诗传辨妄》二十六卷，大指以为“《毛诗》自郑、毛既笺之后，而学者笃信康成，故此书专行，齐、鲁、韩三家遂废，致今学者只凭毛氏，且以序为子夏所作，更不敢拟议。盖事无两造之辞，则狱有偏听之惑”，极言毛序之不可偏信也。然设以听讼为喻，诗者其事也。齐、鲁、韩、毛，则证验之人也。《毛诗》本书具在，流传甚久，譬如其人亲身到官，供指详明，具有本末者也。齐、鲁、韩三家本书已亡，于他书中间见一二，而真伪未可知，譬如其人元不到官，又已身亡，无可追对，徒得之风闻道听以为其说如此者也。今舍《毛诗》而求证于齐、鲁、韩，犹听讼者以亲身到官所供案牍为不可信，乃采之于旁人传说而欲以断其事。论者不以为允也。既，朱子撰《诗集传》二十卷，而殿以《诗序辨说》，以大小序自为一编而辨其是非，盖用郑樵之说也。然考朱子注《诗》，盖两易稿；其初稿全宗《小序》，卷首《自序》作于淳熙四年，中无一语斥《小序》，盖犹初稿之序。金华吕祖谦伯恭撰《吕氏家塾读诗记》，中引“朱子曰”者，即采朱子注《诗》初稿说也。朱子与祖谦交最契，其初论《诗》亦最合；顾朱子晚年改从郑樵而自变前说；而祖谦仍坚主毛、郑，故祖谦没。朱子作《家塾读诗记》序，称“少时浅陋之说，伯恭父误有取焉。既久，自知其说有未安，或不免有所更定，伯恭父反不能不置疑于其间，熹窃惑之！方将与反覆其说，以求真是之归，而伯恭父已下世”，盖深不平于祖谦之故见自封。然迄后攻序宗序，两家角立相争，而不能以偏废；嗜祖谦书者终不绝也！祖谦书三十二卷，博采诸家，存其名氏；先列训诂，后陈文义，翦截贯穿，如出一手；有所发明，则别出之，蕲以阐发诗人“躬自厚而薄责于人”之旨；盖宋儒《诗》学之详正，未有逾于祖谦者也！惟公刘以后，编纂已备而条例未竟，学者惜焉！崇德辅广汉卿者，初从吕祖谦游，后复从朱子讲学，即世所称庆元辅氏也。顾辅氏撰《诗童子问》十卷，大指主于掊击《诗序》，羽翼《诗集传》；与祖谦说《诗》之宗序者不同。而庆元王应麟伯厚旁采诸书所引齐、鲁、韩三家《诗》逸文，撰《诗考》一卷，中采《韩诗》较夥，齐、鲁二家廑寥寥数条。盖《韩诗》最后亡，唐以来注书之家，引其说者多也。后之辑三家《诗》者，或訾应麟为未备，然古书散佚，搜采为难，后人踵事增修，较创修自易为力，筚路蓝缕，终当以应麟为首庸也。自序称："汉言《诗》者四家，师异指殊。贾逵撰《齐鲁韩与毛氏异同》。梁崔灵恩采三家本为集注。今惟毛传、郑笺孤行。韩仅存《外传》，而鲁、齐《诗》亡久矣。诸儒说《诗》，一以毛、郑为宗，未有参考三家者。独朱文公《集传》多从《韩诗》，一洗末师专己守残之陋，尝语门人：'《文选注》多《韩诗》章句，欲写出。'应麟窃观传记所述，三家绪言尚多有之；网罗遗佚，傅以《说文》《尔雅》诸书，萃为一编，以扶微学，广异义，亦文公之意云尔。读《集传》者，或有考于斯。"亦朱子《集传》之羽翼也。慈谿杨简敬仲撰《慈湖诗传》二十卷，大要本孔子无邪之旨，而据《后汉书》之说，以《小序》为出自卫宏，不足深信；要与朱子无大殊。其它笺释文义，如以"聊乐我员"之"员"为姓，以"六驳"为"赤驳"之讹，以"天子葵之"之葵为有向日之义，间有附会穿凿。然其于一名一物，一字一句，必斟酌去取，旁征远引，曲畅其说；其考核六书，则自《说文》《尔雅》以及史传之音注，无不悉搜；其订正训诂，则自齐、鲁、毛、韩以下以至方言杂说，无不博引，可谓折衷同异，自成一家之言者！至篇中所论，谓《左传》不可据，谓《尔雅》亦多误，谓郑康成不善作文，甚至自序之中，以《大学》之释《淇澳》为多牵合，而诋子夏为小人儒，斯又大言炎炎，而为朱子之所不敢出者。盖简之学出陆九渊，九渊固谓"学苟知道，六经皆我注脚"；而朱子尚信经传道问学也。然简之放言自恣，无所畏避，尚不如金华王柏鲁斋之甚也！柏之学，虽渊源于朱子，而撰《诗疑》二卷，则攻驳毛、郑不已，并本经而攻驳之；攻驳本经不已，又并本经而删削之。其以《行露》首章为乱入，据《列女传》为说，犹有所本也；以《小弁》"无逝我梁"四句为汉儒所妄补，犹曰“其词与谷风相同”，似乎移缀；以《下泉》末章为错简，谓与上三章不类，犹著其疑也。至于《召南》删《野有死麕》，《邶风》删《静女》，《鄘风》删《桑中》，《卫风》删《氓》《有狐》，《王风》删《大车》《丘中有麻》，《郑风》删《将仲子》《遵大路》《有女同车》《山有扶苏》《箨兮》《狡童》《褰裳》《丰》《东门之墠》《风雨》《子衿》《野有蔓草》《溱洧》，《秦风》删《晨风》，《齐风》删《东方之日》，《唐风》删《绸缪》《葛生》，《陈风》删《东门之池》《东门之枌》《东门之杨》《防有鹊巢》《月出》《株林》《泽陂》，凡三十二篇。按：书中所列之目实止三十一篇，疑传刻者脱其一篇。又曰：“《小雅》中凡杂以怨诽之语，可谓不雅！予今归之《王风》，且使《小雅》粲然整洁。”其所移之篇目虽未具列，其降《雅》为《风》，已明言之矣。又曰：“《桑中》当曰《采唐》，《权舆》当曰《夏屋》，《大东》当曰《小东》。”则并篇名改之矣。顾柏亦自知诋斥圣经，或为公论所不许，乃托词于汉儒之窜入。至于谓《硕人》第二章形容庄姜之色太亵，《黄鸟》乃浅识之人所作，则更直排孔子删定之失当，不复托词于汉儒矣！此又杨简之所不敢者也！元儒金华许谦益之称受学于王柏，而于柏《诗疑》所欲删之《国风》三十二篇，则疑而未敢遽信。论者或斥谦存已放之《郑声》也！见兰溪吴师道正传为谦撰《诗集传名物钞》序。然谦撰《诗集传名物钞》八卷，考订名物音训，咸有依据，信足以补朱子之放阙焉！同时有安福刘瑾公瑾者，其学问渊源亦出朱子；撰《诗传通释》二十卷，发明《集传》，与辅广《诗童子问》相同。惟广书皆循文演义，而瑾兼辨订故实，虽证实蹈虚不同，然义理一也。盖宋以前之说《诗》者，罔不毛、郑是宗。欧阳修、苏辙而后，别解渐生。郑樵、朱子而后，异帜高张。迄末年，乃古义黜而新学立。故有元一代之说《诗》者，无非朱传之笺疏。许谦之《诗集传名物钞》、刘瑾之《诗传通释》两书，其尤著者也。至仁宗行科举法，定为功令。而明制因之。永乐间，行在翰林学士胡广等奉敕撰《诗经大全》二十卷，亦主于阐扬朱传，遵宪典也。然元人笃守师传，有所阐明，皆由心得。明则靖难以后，耆儒宿学，略已丧亡，广等无可与谋，乃剽窃旧文以应诏。此书名为官撰，实本刘瑾之《诗传通释》而稍损益之，惟改其中“瑾案”二字为“刘氏曰”；又刘书以小序分隶各篇，是书则从朱子旧本合为一篇，小变其例而已。自是宋学昌而汉义绌，朱传行而《毛诗》废矣。然明儒《诗》学亦有宏究汉义，而不宗朱传者。监利李先芳伯承撰《读诗私记》二卷，释义多从毛、郑；毛、郑有所难通，则参之吕祖谦《读诗记》、严粲《诗缉》。其自序曰：“文公谓《小序》不得《小雅》之说，一举而归之刺。马端临谓文公不得郑、卫之风，一举而归之淫。胥有然否，不自揣量，折衷其间。”盖不专主一家，故议论宏通，绝无区分门户之见。如说《郑风·子衿》，仍从学校之义，则不取宋学；谓《国风》《小雅》初无变正之名，则不从汉说；至《楚茨》《南山》等四篇，则《小序》与《集传》之说并存，不置可否。盖《小序》皆以为刺幽王，义有难通；而《集传》所云，又于古无考，故阙所疑也。虽援据不广，时有阙略，要其大纲，则与凿空臆撰者殊矣！然犹折衷汉、宋也。明宗室朱谋㙔郁仪撰《诗故》十卷，乃专以《毛诗小序》为主而考证以旧说。其曰《诗故》者，盖《汉书·艺文志》载诗类有《鲁故》《齐后氏故》《齐孙氏故》《韩故》《毛诗故训传》，颜师古注：“曰故者，道其旨意也。”谋㙔是书，盖用汉儒之旧名，故其说《诗》亦多以汉学为主，与朱子

《诗集传》多所异同。其间自立新义者，如以《小星》为瞽御入直，以《斯干》为成王营洛，周公所赋之类，似失之穿凿。然谋埠博极群书，学有根柢，要异乎剽窃陈言。盖自胡广等《五经大全》一出，应举穷经，久分两事。谋埠生长帝室，不借应举为进取，乃得以研究遗文，发挥古义也。经术盛衰之故，此亦可知其大凡矣！迨明之亡也，吴江陈启源长发撰《毛诗稽古编》三十卷。前二十四卷，依次解经，而不载经文，但表篇目；其无所论说，则并篇目亦不载；次为《总诂》五卷，分六子目，曰《举要》，曰《考异》，曰《正字》，曰《辨物》，曰《数典》，曰《稽疑》；末为《附录》一卷，则统论《风》《雅》《颂》之旨。训诂一准诸《尔雅》，篇义一准诸《小序》，而诠释经旨则一准诸毛传，而郑笺佐之。其名物则多以陆玑疏为主。题曰《毛诗》，明所宗也；曰《稽古编》，明为唐以前专门之学也。所辨正者，惟朱子《集传》为多，欧阳修《诗本义》、吕祖谦《读诗记》次之，严粲《诗缉》又次之；所掊击者，惟刘瑾《诗集传》为甚，辅广《诗童子问》次之。但广书皆循文演义，故所驳惟训解之辞；而瑾书兼辨订故实，故所驳多考证之语。其坚持汉学，不容一语之出入，虽未免或有所偏，然引据赅博，疏证详明，一一皆有本之谈。盖明代说经诸儒，喜骋虚辨，迨清儒矫为征实之学，以挽颓波，古义彬彬，于斯为盛，而启源实先河也！然当启源之世，亦有兼综汉、宋，不主一家者，桐城钱澄之饮光、吴江朱鹤龄长孺，其尤著者也。澄之撰《田间诗学》十二卷，大旨以《小序》首句为主，而非有意于攻朱子《集传》；于汉、唐以来之说，亦不主于一人；所采诸儒论说，自汉唐注疏、朱子《集传》以外，凡二程子、张子、欧阳修、苏辙、王安石、杨时、范祖禹、吕祖谦、陆佃、罗愿、谢枋得、严粲、辅广、真德秀、邵忠允、季本、郝敬、黄道周、何楷二十家。其中王、杨、范、谢四家，今无传本，盖采于他书；陆、罗二家，本无诗注，盖草木鸟兽之名，引其《埤雅》《尔雅翼》也；自称毛、郑、孔三家之书，录者十之二；《集传》，录者十之三；诸家各本录者十之四。持论颇为精核，而于名物训诂、山川地理，言之尤详。尝语人曰："《诗》与《尚书》《春秋》相为表里，必考之三《礼》以详其制作，征诸三传以审其本末，稽之五《雅》以核其名物，博之《竹书纪年》《皇王大纪》以辨其时代之异同与情事之疑信，即今舆记以考古之图经而参以平生所亲历。"亦可见其考证之切实矣！至鹤龄则与陈启源同里，尝序启源之《毛诗稽古编》；而撰《诗经通义》十二卷，则自序称"此书盖与启源商榷而成"。又称："启源《毛诗稽古编》专崇古义，此书则参停于今古之间。"盖其专主小序，而兼综汉、宋，与澄之《田间诗学》同。惟甄采较狭，于汉用毛、郑，唐用孔颖达，宋用欧阳修、苏辙、吕祖谦、严粲，并世用陈启源；其释音明用陈第，并世用顾炎武；其凡例九条及考订《郑氏诗谱》，皆具有条理，虽参用今古，与启源之专崇古义者不同。然启源之《毛诗稽古编》屡称焉。惟启源、鹤龄与钱澄之三人者，明之遗老而非清儒也。清儒之传经者，首推长州惠氏，三世以经学著称；而发祥者惠周惕，字元龙也。著有《易传》《春秋》《三礼问》及《诗说》，而《诗说》三卷最佳，其大旨：谓大小《雅》以音别，不以政别；谓正雅、变雅美刺错陈，不必分《六月》以上为正、《六月》以下为变，《文王》以上为正、《民劳》以下为变；谓二南二十六篇皆房中之乐，不必泥其所指何人；谓天子、诸侯，均得有颂，《鲁颂》非僭。大抵引据确实，树义深切，而于毛传、郑笺、朱传无所专主，多自以己意考证，则又与钱澄之、朱鹤龄之兼采汉宋、折衷同异者殊科。无锡顾栋高震沧撰《毛诗类释》二十一卷，盖析《毛诗》名物为二十一类而为之释也。惟诸家之释名物者，多泛滥以炫博；而栋高此书则采录旧说，颇为谨严，又往往因以发明经义，与但征故实、体同类书者有别；亦庶几抒所自得，能出新意者。然清儒说经之所为别帜于宋、元者，在能宏究汉义，辨明家法；其始也，阐扬毛、郑古文以破宋儒臆测之谈；及其既也，则又旁采今文齐、鲁、韩诸家逸文而驾之晚出毛、郑古文之上。至如惠、戴二氏，抒所得而出新义，非所贵于清儒也。休宁戴震东原之撰《毛郑诗考正》四卷、《考正郑氏诗谱》一卷、《杲溪诗经补注》二卷，金坛段玉裁懋堂之撰《毛诗故训传》三十卷、《诗经小学》一卷，江都焦循理堂之撰《毛诗补疏》五卷，嘉应李黼平绣子之撰《毛诗紬义》二十四卷，桐城马瑞辰元伯之撰《毛诗传笺通释》三十二卷，泾县胡承珙墨庄之撰《毛诗后笺》三十卷，崇明陈奂硕甫之撰《诗毛氏传疏》三十卷、《毛诗说》一卷、《毛诗传义类》十九篇、《释毛诗音》四卷、《郑氏笺考正》一卷。而陈奂师事段玉裁，治《毛诗》《说文》，以为郑康成习《韩诗》，兼通齐、鲁，最后治《毛诗》；笺《诗》乃在注《礼》之后；以《礼》注《诗》，非墨守一氏；笺中有用三家申毛者，有用三家改毛者，因撰《郑氏笺考征》，而后知毛古文，郑用三家，从今文之不同术也。析毛、郑之殊旨，明音义之通借，乃放《尔雅》，编作《义类》，于一切声音训诂之用，天地山川之大，宫室衣服制度之精，鸟兽草木虫鱼之细，分别部居，各为探索，久乃划除，条例章句，糅成作疏，捃取先秦之旧说，搴择末汉之微言，置郑笺而疏毛传，署曰《诗毛氏传疏》，盖诸家之尤矜慎者矣！斯则阐扬毛、郑古文以破宋儒臆测之谈者也。它如会稽范家相蘅洲之因宋王应麟《诗考》而辑《三家诗拾遗》十卷，视应麟书为赅备矣！然犹未及侯官陈乔枞朴园也！自后嘉兴冯登府柳东撰《三家诗异文疏证》一卷。邵阳魏源撰《诗古微》十七卷。吴江迮鹤寿青厓撰《齐诗翼氏学》四卷。而陈乔枞秉其家学，以父寿祺撰《三家诗遗说考》未成，次第补缉，成《鲁诗遗说考》六卷、《齐诗遗说考》四卷、《韩诗遗说考》五卷，各述授受源流，而冠以叙录一篇；又撰《诗经四家异文考》四卷、《齐诗翼氏学疏证》二卷。盖乔枞之考据详博，与魏源之议论宏辨，言今文者骈称二难焉！晚清善化皮锡瑞鹿门撰《诗经通论》，亟称陈考搜采之备，魏源驳辨之快；顾有不足于魏源之好创新说，曰："解经是朴学，不得用巧思。解经须确凭，不得任臆说也。"然其右今三家而抑毛传，实与魏源同指。斯又旁采今文齐、鲁、韩诸家逸文而欲驾之晚出毛、郑古文之上者也。此外又有连江陈第季立之《毛诗古音考》，昆山顾炎武宁人之《诗本音》，曲阜孔广森扮约之《诗声类》，具详《小学声韵篇》，兹不复赘。纂《诗志》第四。

《三礼志》第五

礼起于何也？曰："人生而有欲，欲而不得，则不能无求，求而无度量分界，则不能不争，争则乱，乱则穷。先王恶其乱也，故制礼义以分之，以养人之欲，给人之求；使欲必不穷乎物，物必不屈于欲，两者相待而长；是礼之所起。"而帝王质文，世有损益。至周曲为之防，事为之制，故曰"经礼三百，曲礼三千"。经礼三百，《周礼》是也。曲礼三千，《仪礼》是也。及周之衰，诸侯将逾法度，恶其害己，皆灭去其籍。于是孔子适周而问礼于老聃，追迹三代之礼；曰："夏礼，吾能言之，杞不足征也！殷礼，吾能言之，宋不足征也！足则吾能征之矣！"然观殷、周所损益，曰："殷因于夏礼，所损益可知也。周因于殷礼，所损益可知也。其或继周者，虽百世可知也。以一文一质，周监二代，郁郁乎文哉，吾从周！"故《礼记》自孔子，著称《太史公书》。曰"《礼记》自孔子"者，世称三礼。《周礼》记周官制。《仪礼》详周义文，编著之图籍，王谓之礼经，邦国官府谓之礼法，设之于官府，而布之于百姓，皆周朝之官书也。独《礼记》自孔子，门人弟子，著所闻见，微言授受，协诸义而协；经天纬地，本之则太一之初；原始要终，体之乃人情之欲；然后知礼者义之实也！礼之所尊，尊其义也。“循法则、度量、刑辟、图籍，不知其义，谨守其数，慎不敢损益也；父子相传，以持王公；是故三代虽亡，治法犹存，是官人百吏之所以取禄秩”，《周礼》是也。“失其义，陈其数，祝史之事也”，《仪礼》是也。故其数可陈也，其义难知也，协诸义而协，则礼虽先王未之有，可以义起也！是《礼记》之所欲著也！夫礼者，理之不可易者也。《周礼》之记官制，《仪礼》之详仪文，此其所得与民变革者也。观理之不可易者，盖必于《礼记》之自孔子。而孔子之殁，葬鲁城北泗上，冢大一顷，弟子及鲁人往从冢而家者百有余室，因命曰孔里。故所居堂第子内，后世因庙藏孔子衣冠，车服礼器，而诸儒以时讲礼，乡饮、大射其间焉。嬴秦坑儒，而陈涉之王，鲁诸儒持孔氏之礼器，往归陈王；于是孔甲为陈涉博士，卒死涉之难！初项籍封鲁公，及其死，楚地皆降汉，独鲁不下！汉高帝举兵围鲁。鲁中诸儒尚讲诵习礼乐，弦歌之音不绝；岂非孔子之遗化，好礼乐之国哉！故汉兴，太常叔孙通，征鲁诸生共起朝仪，诸学者多言礼，而鲁高堂生最！礼固自孔子时，而其经不具；及至秦焚书，散亡益多！于汉独有《士礼》。《士礼》亦称《仪礼》。曰《士礼》者，以其为士之礼；称《仪礼》者，以其记礼之仪文也。凡十七篇：《士冠礼》第一，童子任职居士位，年二十而冠；主人玄冠朝服，则是仕于诸侯、天子之士也。《士昏礼》第二，士娶妻之礼，以昏为期，因而名焉。《士相见礼》第三，士以职位相亲，始承挚相见之礼也。《乡饮酒礼》第四，诸侯之乡大夫，三年大比，献贤者能者于其君，以礼宾之也。《乡射礼》第五，州长春秋以礼会民，而射于州序之礼也。《燕礼》第六，诸侯无事，若卿大夫有勤劳之功，与群臣燕饮以乐之也。《大射礼》第七，名曰大射者，诸侯将有祭祀之事，与群臣射，以观其礼；数中者得与于祭，不数中者不得与于祭也。《聘礼》第八，大问曰聘，诸侯相于久无事，使卿相问之礼也。《公食大夫礼》第九，主国君以礼食小聘大夫之礼也。《觐礼》第十，觐，见也；诸侯秋见天子之礼也；春见曰朝，夏见曰宗，秋见曰觐，冬见曰遇。《丧服》第十一，天子以下死而相丧，衣服年月亲疏隆杀之礼，而子夏为之传焉者也。《士丧礼》第十二，士丧其父母，自始死至于既殡之礼也。《既夕礼》第十三，丧礼之下篇也。《士虞礼》第十四，虞，安也；士既葬其父母，迎精而反，日中而祭之于殡室以安之也。《特牲馈食礼》第十五，特牲馈食礼，谓诸侯之士大祭祖祢也。《少牢馈食礼》第十六，诸侯之卿，祭其祖祢于庙之礼也。《有司彻》第十七，少牢之下半篇也。独高堂生能言之。而鲁徐生善为容。孝文帝时，徐生以容为礼官大夫。孝景帝时，尝封皇子德为河间王，馀为鲁王。顾河间王修学好古，而鲁王好治宫室，坏孔子宅，欲以为宫，而得古文于坏壁之中，逸礼有三十九。既河间王从民求善书，得《礼古经》五十六篇，《记》百三十一篇，《周官经》五卷，皆古文旧书，不同高堂生《士礼》之为今文。惟《礼古经》之十七篇，与高堂生同而字多异；多三十九篇，后世不传，而其篇名颇见于他书：若《天子巡狩礼》见《周官·内宰》注；《朝贡礼》见《聘礼》注；《烝尝礼》见《射人》疏；《中霤礼》见《月令》注及《诗·泉水》疏；《王居明堂礼》见《月令》《礼器》注；《古文明堂礼》见蔡邕论；又《奔丧》疏引《逸礼》，《王制》疏引《逸礼》，云皆升合于太祖；《文选》注引《逸礼》，云"三王禅云云，五帝禅亭亭"；皆古经之《逸礼》也。

《记》百三十一篇者，出自孔氏。孔子殁后，七十二子之徒，共撰所闻，以为此记；后人各有损益。其中《檀弓》《礼运》疑子游门人记，《中庸》《坊记》《表记》子思所作，《缁衣》公孙尼子制，《月令》吕不韦撰。或录旧礼之仪，或录官礼所由，或兼记体履，或杂序得失。汉兴，博士叔孙通乃纂录之以为记。盖《士礼》之传也，有《冠义》以释《士冠》，有《昏义》以释《士昏》，有《乡饮酒义》以释《乡饮》，有《射义》以释《乡射》《大射》，有《燕义》以释《燕礼》，有《聘义》以释《聘礼》，有《朝仪》以释《觐礼》，有《四制》以释《丧服》，有《问丧》以释《士丧》，有《祭义》《祭统》以释《特牲》《少牢》《有司彻》，发明其义。盖《士礼》者经，而记则其传也；传者，转也，转受经旨以授于后也。《周官经》五篇：《天官冢宰》第一，《地官司徒》第二，《春官宗伯》第三，《夏官司马》第四，《秋官司寇》第五，李氏上之河间献王者也。独佚《冬官》一篇，王乃购千金不得，取《考工记》以补之。于诸经中最为晚出。其书详周之制度，而不及道化；严于职守，而阙略人主之身；传者以为周公作也。其分例虽密，而序官之义有二：一则以义类相从，如宫正、宫伯，同主宫中是；膳夫、庖人、外饔，同主造食是。一则次叙一官之属，不以尊卑为先后，而以缓急为次第；故宫正等士官在前，内宰等大夫官在后也。惟其后阙《冬官》一篇，河间王取《考工记》合成六篇。按《考工记》称“郑之刀”，又称“秦无庐”，郑封于宣王时，秦封于孝王时，其非周公之典，已无疑义；然奇古奥美，殆圣于文！或以为东周后齐人所作，或以为先秦书，未详孰是也？虽不足以当《冬官》，然百工为九经之一，共工为九官之一，先王原以考工为大事，以之殿《周官》之后，可以考见古代制器尚象之遗焉。惟《周官》虽出，孝武以为末世渎乱不经之书，故作十论七难以排弃之；虽入秘府，而未传也！独《士礼》传自高堂生，而鲁徐生乃以善为容世其家，传子至孙徐延、徐襄。襄，其资性善为容，不能通经。延颇能，未善也！襄亦以容为大夫，至广陵内史。延及徐氏弟子公户满意、桓生、单次皆为礼官大夫。而瑕丘萧奋以礼为淮阳太守。然孝武以前，诸言礼为容者由徐氏焉。孝武帝时，尝行礼射于未央宫之曲台。博士东海后苍近君说礼数万言，为记，号曰《后氏曲台记》。后苍者，尝学《齐诗》于鲁夏侯始昌，而礼学则传之同郡孟卿。卿，萧奋弟子也。后之言礼者由后苍，而徐氏无传者。苍校书曲台，著《曲台后苍》九篇，见《汉书·艺文志》；以授沛闻人通汉子方、庆普孝公、梁戴德延君、戴圣次君。通汉以太子舍人论石渠，至中山中尉。普为东平太傅。德为信都太傅，号曰大戴。而圣者，德之从兄子也，号小戴；以博士论石渠，撰集《石渠礼论》四卷，即《汉书·艺文志》著录《议奏三十八篇》也；并《群儒疑义》十二卷，具见《隋书·经籍志》。既，出为九江太守，行治多不法；前刺史以其大儒优容之；及蜀郡何武君公为扬州刺史，行部，录囚徒，有所举以属郡。圣曰："后进生何知，乃欲乱人治！"皆无所决。武使从事廉得其罪。圣惧，自免；后为博士，毁武于朝廷。武闻之，终不扬其恶。而圣子宾客为群盗，得，为武系治；圣自以子必死。武平心决之，卒得不死。自是后，圣渐服。武每奏事至京师，圣未尝不造门谢恩。于是传者莫不多武长者而诮圣之经生薄行也！圣与戴德皆受礼后苍，而经十七篇之次第，《记》百三十一篇之去取，二戴无一相同。盖戴德传经十七篇次第，以《冠礼》第一，《昏礼》第二，《相见》第三，《士丧》第四，《既夕》

第五,《士虞》第六,《特牲》第七,《少宰》第八,《有司彻》第九,《乡饮酒》第十,《乡射》第十一,《燕礼》第十二,《大射》第十三,《聘礼》第十四,《公食》第十五,《觐礼》第十六,《丧服》第十七。而戴圣亦以《冠礼》《昏礼》《相见礼》相次为第一、第二、第三,其下则《乡饮》第四,《乡射》第五,《燕礼》第六,《大射》第七,《士虞》第八,《丧服》第九,《特牲》第十,《少宰》第十一,《有司彻》第十二,《士丧》第十三,《既夕》第十四,《聘礼》第十五,《公食》第十六,《觐礼》第十七。此经篇次第之不同也。戴德检《记》百三十一篇,合《明堂阴阳记》三十三篇,《孔子三朝记》七篇,《王史氏记》二十一篇,《乐记》二十三篇,为二百十四篇,取足以阐明经旨者,得八十五篇,谓之《大戴记》。而戴圣别删定四十九篇,谓之《小戴记》。《小戴记》传,而《大戴记》逸四十五篇,其存目自三十九篇始,无四十三、四十四、四十五、六十一四篇;有两七十四;然各本不同,或两七十三,或两七十二。其逸文往往见引他书,如班固《白虎通》引《礼谥法》《王度记》《三正记》《别名记》《亲属记》《五帝记》《少牢馈食礼》注引《禘于太庙礼》,疏云《大戴礼》文。《周礼》注引《王霸记》,蔡邕《明堂月令论》引《佋穆篇》,王充《论衡》引《瑞命篇》,应劭《风俗通》引《号谥记》,皆《大戴》逸篇也。亦有他书引大戴篇名与小戴同,而文绝异者,如《毛诗·豳谱正义》引《大戴礼·文王世子》,《汉书·韦元成传》引《祭义》,《王式传》称《骊驹之歌》在《曲礼》,服虔注云:“在《大戴礼》。”《白虎通·耕桑篇》引《祭义》《曾子问》,《情性篇》引《间传》,《崩魂篇》引《檀弓》《王制》,许慎《五经异义》引《大戴·礼器》,《明堂月令论》引《檀弓》。唐皮日休有《补大戴礼祭法》，其文往往为《小戴记》所无。而《大戴记》存篇之与《小戴》同者，有《投壶》《哀公问》两篇篇名同；《曾子大孝篇》见《小戴·祭义》；《诸侯衅庙篇》见《小戴·杂记》；《朝事篇》自“聘礼”至“诸侯附焉”，见《小戴·聘义》；《本事篇》自“有恩有义”至“圣人因杀以制节”，见《小戴·丧服四制》；其它篇目尚多同者。盖二戴于百三十一篇之《记》，各以意断取成书，故异同参差乃尔。后《隋书·经籍志》乃以为小戴四十六篇，删大戴之八十五篇者，妄也！由是《礼》有大戴、小戴、庆普之学。普授鲁夏侯敬，又传族子咸，为豫章太守。而大戴授琅邪徐良斿卿，为博士、州牧、郡守，家世传业。小戴授梁人桥仁季卿、杨荣子孙。仁为大鸿胪，著《礼记章句》四十九篇，家世传业，号曰桥君学。而荣为琅邪太守。由是大戴有徐氏，小戴有桥、杨氏之学。孝宣帝时，河内女子坏老屋，又得《逸礼》古经一篇，合河间王五十六篇为五十七。于是始立大小戴、庆氏三家礼。然考所谓三家礼者，盖三家受诸后苍所传经十七篇之礼，而《大小戴礼记》附十七篇不别出；大小戴礼非《大小戴礼记》；亦不以《逸礼》古经为胜十七篇而立学官也。及孝成帝时，光禄大夫刘向领校中五经秘书；向卒，王莽以大司马柄国，荐向之子歆宗室，有材行，以光禄大夫贵幸，复领五经，卒父前业；乃以为“礼古经者，出于鲁淹中及孔氏，与十七篇文相似，多三十九篇；及《明堂阴阳记》，王史氏记所见，多天子诸侯卿大夫之制，虽不能备，犹愈苍等推士礼而致于天子之说。”果若所言，则是《逸礼》古经之胜十七篇也。然十七篇古称《士礼》，其实不皆士礼。纯乎士礼者，惟《冠》《昏》《丧》《相见》；若祭礼则《少牢馈食》《有司彻》为大夫礼；《乡饮》《射》，士大夫所通行；《燕礼》《大射》

《聘礼》《公食大夫》为诸侯礼；《觐礼》为诸侯见天子礼；并非专为士设；其通称《士礼》者，盖以士冠列首，遂并其下通称为士而不复分别耳。且士礼何为不可推而致于天子也？“自天子以至于士庶人，壹是皆以修身为本。”孔子曰：“吾观于乡而知王道之易易也。”则是孔子推士礼而致于天子之说也。鲁穆公之母卒，使人问于曾子曰：“如之何？”对曰：“申也闻诸申之父曰：‘哭泣之哀，齐斩之情，饘粥之食，自天子达。’”则是曾子推士礼而致于天子之说也。记不云乎！“礼也者，义之实也；协诸义而协，则礼虽先王未之有，可以义起也”，何不可推致之有！是故知父子之当亲也，则为礼醮祝字之文以达焉；其礼非士冠可赅也，而于士冠焉始之。知君臣之当义也，则为堂廉拜稽之文以达焉；其礼非聘觐可赅也，而于聘觐焉始之。知夫妇之当别也，则为笲次帨鞶之文以达焉；其礼非士昏可赅也，而于士昏焉始之。知长幼之当序也，则为盥洗酬酢之文以达焉；其礼非乡饮酒可赅也，而于乡饮酒始之。知朋友之当信也，则为雉腒奠授之文以达焉；其礼非士相见可赅也，而于士相见焉始之。《记》曰：“礼仪三百，威仪三千。”其事盖不仅父子、君臣、夫妇、长幼、朋友也，即其大者而推之，而百行举不外是矣。其篇亦不仅士冠、聘觐、士昏、乡饮酒、士相见也，即其存者而推之，而五礼举不外是矣。斯则后苍推士礼而致于天子之说也，而刘歆非之，何也？歆既亲近，欲建立《左氏春秋》及《毛诗》、古文《尚书》与《逸礼》皆列于学官。哀帝令歆与五经博士讲论其义。诸博士或不肯置对，歆因移书太常博士，责让之，其言甚切；为群儒排弃。会哀帝崩，王莽持政，莽少与歆俱为黄门郎，重之，白起歆，累迁中垒校尉，典儒林史卜之官，征天下通一艺，教授十一人以上，及有

《逸礼》《古书》《毛诗》《周官》《尔雅》等篇文字，通知其意者，皆诣公车，至者前后千数；皆令记说庭中；将令正乖缪，壹异说。而歆尤以为《周官经》六篇者，周公致太平之迹，迹具在斯；足以佐王莽，新政化者也；奏请立《周官经》以为《周礼》，置博士。然歆以前，《周官经》之不以礼名者，盖此书乃班朝治军设官分职之书，而非专为礼设，正名之曰《周官经》，允符其实，奚以改为！然自是《周官经》之名废，而以《周礼》易之。一说："'礼，经邦国，定社稷，叙人民，利后嗣。'《左氏》隐十一年《春秋传》。故曰：'道德仁义，非礼不成。教训正俗，非礼不备。分争辩讼，非礼不决。君臣、上下、父子、兄弟，非礼不定。宦学事师，非礼不亲。班朝治军莅官行法，非礼威严不行。祷祠、祭祀、供给鬼神，非礼不诚不庄。'《礼记·曲礼》。则礼者，典章之达称，而非仅就揖让周旋言之。'揖让周旋，是仪也，非礼也。'"《左氏》昭二十五年《春秋传》。然则《周官经》之题礼也亦宜。而王莽盗汉，立法布令，必以《周礼》为据焉。然《逸礼》卒不得立。世祖中兴，《礼》有大小戴博士，虽相传不绝，然未有显于儒林者。庆氏礼虽不得立，然撰集汉礼以制一代大典者，皆庆氏之徒也！初鲁国曹充持庆氏礼，以博士从世祖巡狩岱宗，定封禅礼；还受诏议立七郊、三雍、大射、养老礼仪。显宗即位，充上言："汉再受命，仍有封禅之事，而礼乐崩阙，不可为后嗣法。五帝不相沿乐，三王不相袭礼。大汉当自制礼以示百世。"帝召对，善其议；拜侍中；然事卒不行。子褒，字叔通，少笃志有大度，结发传充业，博雅疏通，尤好学礼。常憾朝廷制度未备，慕叔孙通为汉礼仪，而欲缵父之志，昼夜研精，沈吟专思，寝则怀抱笔札，行则诵习文书，当其念至，忘所之适。初举孝廉，再迁圉令，持德化，不立威刑；太守奏褒耎弱，罢官；征拜博士。会肃宗欲制定礼乐。褒上疏请定文制，著成汉礼。章下太常，太常巢堪以为一世大典，非褒所定，不可许。帝知群寮拘挛，难与图始，朝廷礼宪，宜时刊立。褒复上疏具陈礼乐之本，制改之意。遂拜侍中，从驾南巡，以事下三公，未及奏。诏召玄武司马班固，问改定礼制之宜？固曰："京师诸儒，多能说礼，宜广招集，共议得失。"帝曰："谚言：'作舍道边，三年不成。'会礼之家，名为聚讼，互生疑异，笔不得下。昔尧作《大章》，一夔足矣！"章和元年正月，乃召褒诣嘉德门；令小黄门持班固所上叔孙通《汉仪》十二篇，敕褒曰："此制散略，多不合经。今宜依礼条正，使可施行。于南宫、东观，尽心集作。"褒既受命，乃次序礼事，依准旧典，杂以五经谶之文，撰次天子至于庶人冠婚吉凶终始制度，以为百五十篇，写以二尺四寸简；其年十二月，奏上。帝以众论难一，故但纳之，不复令有司平奏。会帝崩，和帝即位。褒乃为作《章句》。帝遂以《新礼》二篇冠，擢褒监羽林左骑。后大尉张酺、尚书张敏等奏："褒擅制汉礼，破乱圣术，宜加刑制。"帝虽寝其奏，而汉礼遂不行！然褒博物识古，父子礼宗。父充作《章句辨难》；而褒作《通义》十二篇，《演经杂论》百二十篇，又传《礼记》四十九篇，教授诸生千余人。庆氏学遂行于世。同时治庆氏学以为博士者，又有犍为董钧字文伯。世祖时，举孝廉，辟司徒府；博通古今，数言政事。显宗即位，为博士，时草创五郊祭祀及宗庙礼乐、威仪章服，辄令钧参议，多见从用。当世称为通儒！累迁五官中郎将，常教授门生百余人；亦庆氏礼之名家也！初董钧从大鸿胪王临受庆氏礼，而扶风贾徽从刘歆受《周官》，自歆之立周官；遭王莽败，兵革并起，疾疫丧荒，弟子死葬，徒有里人河南缑氏杜子春及徽尚在！徽子逵，字景伯，能传父业；又受业于杜子春。显宗之初，子春年且九十，家于南山；注《周官》，能通其读，颇识其说；逵与河南郑众仲师往受学焉。众父兴，字少赣，亦作《周礼解诂》。而众、逵传父师之学，洪雅博闻，又以经书记传相证明为解，逵解行于世；而郑兴父子之解不行。扶风马融季长兼揽众、逵二家，谓多遗阙；而众解近得实；因自力补之，谓之《周官传》，凡十二卷，见《隋书·经籍志》。自是《周礼》大行。然任城何休邵公犹斥《周礼》为六国阴谋之书。惟北海郑玄康成括囊大典，遍览群经，从东郡张恭祖受《周官》《礼记》，既因涿郡卢植子幹事马融，融以《周官》传授玄，而玄于诸家解诂，独称"二郑者兴、众父子。同宗之大儒，明理于典籍，粗识皇祖大经《周官》之义；存古字，发疑，正读，亦信多善；徒寡且约，用不显传于世！"乃因马融之传，而参取杜子春之注，郑兴、郑众、贾逵之解诂，网罗诸家，裁以己意，撰成《周官礼注》十二卷。而以《周官礼》传写古文，诸本违异，其注云"故书"者，谓初献于秘府所藏之本也；其民间传写不同者，则为今书。而正读之例：有云"读如""读若"者，拟其音以求其似也；有云"读为""读曰"者，就其音以易其字也；有云"当为"者，纠其误以正其字也。三例既定，而《周官礼》之大义乃可言矣！然《周官礼》古文学，而郑玄本习今文小戴礼之十七篇，后以《礼古经》之五十六篇校之，取其义长者。或从今文，则注云"古文某为某"，如《士冠礼》"阑西阈外"句，注"古文阑为槷，阈为蹙"是也。或从古文，则注云"今文某为某"，如《士冠礼》"醴辞孝友时格"句，注"今文格为嘏"是也。又有为今文所无而为古文所有者，《士相见礼》

“某将走见”，注“今文无走”；“凡执币者不趋容”，注“今文无容”。郑不用今而用古者，以其足于文义也。又有今古并存而复及他说者，《士冠礼》“章甫，殷道也”，注“甫或为父，今文为斧”；《乡饮酒礼》“遵者降席”，注“今文遵为僎，或为全”，是也。又有存古今文而即指其意之所在者，《士相见礼》“某不敢为仪，固请”，注“今文不为非，古文固以请也”；《聘礼》“上介奉币，先入门左”，注“古文重入”，是也。凡此之类，盖汉人校雠之通例，而郑玄遵以注校十七篇焉。又以《小戴》、十七篇次第、尊卑、吉凶杂乱，舍之不从，而依刘向《别录》，以吉凶人神为次，盖据《记》云“吉凶异道，不得相干”，荀子云“吉事尚尊，丧事尚亲”，遂以《冠》《昏》《相见》《乡饮》《乡射》《燕》《大射》《聘》《公食大夫》《觐礼》十篇为吉礼，居先；而《丧祭》七篇为凶礼，居后焉；故名郑氏学，凡十七卷，盖一篇为一卷也。其注之发凡者数十事，如《士冠礼》注云：“凡奠爵，将举者于右，不举者于左。”“凡醴事，质者用糟，文者用清。”“凡荐，出自东房。”“凡牲，皆用左胖。”其余诸篇注，皆有发凡之事；此尤有功于学者，盖读礼者非籀绎有明，无以通其指也。玄又注小戴所传《礼记》四十九篇，通《仪礼》《周官》为三礼，而撰《三礼目录》一卷、《三礼图》九卷，其中三卷则陈留阮谌士信，受学于綦母君，取其说为图者也。于是《周官》之分经别出者，与礼合为一途；而《礼记》之附经不别出者，与经歧为二轨。汉以经十七篇立学，《曲台后苍》九篇以后，并无解义，杜、贾、二郑止解《周官》，马融解《周礼》，而十七篇止撰《丧服经传注》一卷，独郑玄遍注三礼；《周礼》多引杜子春、郑大夫、郑司农，前有所承，尚易为力，而经十七篇与《小戴礼记》四十九篇，未经人注解，前无所承，比注《周礼》为更难，而郑玄观其会通，独博学而详说之！然郑玄三礼之学，其宏通在此，其杂糅亦在此！夫经十七篇，礼家之今文学也；《周官》六篇，礼家之古文学也。《小戴礼记》四十九篇，非一手所成；或同今文，或同古文；《王制》多同《公羊》《穀梁》，《冠义》《昏义》《乡饮酒义》《射义》《燕义》《聘义》《朝仪》《丧服四制》《问丧》《祭仪》《祭统》诸篇，皆经十七篇之传，为今文说；而《玉藻》为古《周礼》说，《曲礼》《檀弓》《杂记》为古《春秋左氏》说，《祭法》为古《国语》说，皆古文说：则今古学糅者也。而《王制》为今学礼宗，比之《周礼》为古文所宗云！然汉儒说礼，别今古文最严。何休解《公羊传》，据《逸礼》而不据《周官》，以《逸礼》虽属古文，不若《周官》之显然立异也。杜、贾、二郑解《周官》，皆不引博士说，以博士只立今文也。郑众注《大司徒》五等封地，皆即本经立说，不牵涉《王制》。独郑玄和同今古文两家说，疏通证明，以为周礼、夏殷礼之分；而于不能合者，或且改易文字，展转求通；专门家法，至此变矣！若乃好引纬书，好改经字，宋儒所讥，固不足为汉儒病也！惟郑玄或据《周官》以疑《王制》，未尝引《王制》以驳《周官》，然则玄之议礼，殆以古文说为主者乎？涿郡卢植少与郑玄俱事马融，撰《三礼解诂》。会灵帝以蔡邕言立太学石经，正五经文字。植乃上书曰："臣少从通儒故南郡太守马融受古学，颇知今之《礼记》，特多回冗。臣前以《周礼》诸经，发起粃谬，敢率愚浅，为之解诂，而家乏，无力供缮写上；愿得将能书生二人，共诣东观，就官财粮，专心研精，合《尚书》章句，考《礼记》失得，庶裁定圣典，刊正碑文。"盖蔡邕碑今文，而卢植学古文也。然植能通古今学，好研精而不守章句，明著《后汉书》本传，意者植之所学，当亦今古糅杂，与郑玄同道者也？惟玄注行世，而植解不行，独《礼记注》十卷，见《隋书·经籍志》。然植之注《礼记》，有与郑玄不同者，如郑玄以《王制》为夏、殷杂，而植以为汉法等，是也。自是郑玄之学行而大小戴渐废！夫综会今古文，遍注三礼，使家法不分明，始于郑玄；而继以魏太常东海王肃子雍，兼并诸家，参合同异，成《周官礼注》十二卷，《礼注》十七卷，《礼记注》三十卷，见《隋书·经籍志》，虽佚不传，而每有见引他书者。惟肃善贾、马之学而不好郑玄，议礼必与相反。然郑玄择善而从，立说皆有所据。如说庙制，以为天子五庙，周合文、武二祧为七，本《丧服小记》"王者立四庙"，《礼纬稽命征》"唐虞五庙，夏四庙，至子孙五，殷五庙，至子孙六，周尊后稷、文、武则七"；而肃乃数高祖之父，高祖之祖，与文武而九，不知古无天子九庙之说；而肃说二祧，亦与祭法不合也。郑玄说"圜丘是禘喾配天"，圜丘本《周官》《周人》，禘喾本《国语》《祭法》；而肃乃谓郊丘，引董仲舒、刘向为据；不知董、刘皆未见《周官》，不知有圜丘，但言郊而不言禘；不足以难郑玄也。玄说"三年祫，五年禘，祫大禘小"，本于《春秋公羊经》书"有事为禘，各于其庙，大事为祫，群庙主悉升于太祖"；而肃引《禘于太庙·逸礼》"昭尸穆尸，皆升合于太祖"；不知郑玄以《公羊传》为正，《逸礼》不可用也。郑玄说五帝为五天帝，本《周官·司服》"祀昊天上帝，则服大裘而冕；祀五帝亦如之"；五帝配南郊，祭用夏正月，故服大裘，若五人帝，则迎夏迎秋，不得服裘，又先郑注《掌次》云"五帝，五色之帝"，是郑玄义本先郑；而肃以为五人帝分主五行；然则大皞、炎、黄之先，无司五行者乎？此与肃驳郑玄义，以为社稷专祀句龙、后稷，不祀土谷之神者，同一武断也。考王肃所据之书，郑玄岂有不见，而不用者，当时去取必自有说；而肃乃取郑玄所不用者，转以难玄。玄据今文，则以古文驳之；如据《逸礼》以驳《公羊》，是也。玄据古文，则以今文驳之；如据董、刘以驳《周官》，是也。不知汉儒礼家聚讼，今古文说不同；郑玄折衷其义，始乱家法；傥王肃有意攻玄，当返求之家法，分别今古，斯或可以制胜。乃肃之不别今古，任意牵合，殆尤甚于郑玄。如《王制》庙制今说，《祭法》庙制古说，此万不能合者，而肃伪撰《孔子家语》《孔丛子》，所言庙制，合二书为一说。郑玄以为《祭法》周礼，《王制》夏、殷礼，尚有端绪可寻；至肃乃尽抉其藩篱，荡然无复门户，使学者愈以迷乱，不复能知古礼之异，而《家语》《孔丛》举礼家聚讼莫决者，壹托于孔子之言以为论定。不知礼家所以聚讼，正以去圣久远，无明文可据，是以石渠、虎观，至烦天子称制临决。若孔子之言如此彰灼，群言淆乱衷诸圣，尚何庸龂龂争辨乎？古人作注，发明大义而已。肃注《家语》，如五帝、七庙、郊丘之类，处处牵引攻郑之语，殊乖注书之体，而自发其作伪之覆！肃又作《圣证论》六十八事以讥短郑玄，今约存者三十事，礼之大者，即五帝、七庙、郊丘、禘袷、社稷之属，其余或文句小异，不关大义。然肃之所谓圣证者，即取证于《家语》《孔丛》，徒以郑玄名高，非托于圣言，不足以夺其席；然而后之学者，卒目《家语》为肃之伪作，斯可谓心劳日拙者矣！乐安孙炎叔然受学郑玄之门，乃驳释《圣证论》以难王肃，而著有《礼记音义隐》七卷、《礼记注》三十卷；同时有郑小同者，玄之孙也，亦撰《礼义》四卷；具见《隋书·经籍志》，而皆不传！意必有所以申玄指而难王肃者。惟古礼最重丧服，经十七篇，独《丧服》子夏有传，故丧服又别为礼家专门之学。大戴有《丧服变除》一卷，见《唐书·艺文志》。小戴《礼记》四十九篇，有《曾子问》、《丧服小记》、《杂记》上下、《丧大记》、《丧服大记》、《奔丧》、《问丧》、《服问》、《间传》、《三年问》、《丧服四制》十一篇，皆属《丧服》。《檀弓》亦多言丧礼。经十七篇，马融独于《丧服经传》有注；而郑玄、王肃亦别出《丧服经传注》各一卷，见《隋书·经籍志》。志又著蜀丞相蒋琬撰《丧服要记》一卷，吴齐王傅射慈撰《丧服变除图》五卷，斯足与魏之王肃、孙炎、郑小同辈，骄称三国之礼家者焉！晋武帝，王肃外孙；郊庙典礼皆从肃说。而郑氏学几废！迨元帝渡江，太常荀崧请置郑《仪礼》博士，即十七篇之郑氏学也。《仪礼》之名始此，汉以前无之也。爰从晋、宋，逮于陈氏，传礼业者，《小戴礼记》尤盛，《周礼》次之。而《仪礼》独盛丧服，其著录《隋书·经籍志》者：晋有给事中袁准撰《丧服经传注》一卷，庐陵太守孔伦《集注丧服经传》一卷，陈铨撰《丧服经传注》一卷，征南将军杜预撰《丧服要集》二卷，侍中刘逵撰《丧服要集》二卷，太保卫瓘撰《丧服仪》一卷，司空贺循撰《丧服要》六卷、《丧服要记》十卷、《丧服谱》一卷，刘德明撰《丧服要问》六卷，太学博士环济撰《丧服要略》一卷，徐氏撰《丧服制要》一卷，开府仪同三司蔡谟撰《丧服谱》一卷，散骑常侍葛洪撰《丧服变除》一卷；宋有大中大夫裴松之《集注丧服经传》二卷，通直郎雷次宗《略注丧服经传》一卷，丞相谘议参军蔡超宗《集注丧服经传》一卷，征士刘道拔撰《丧服经传注》一卷，员外郎散骑庾蔚之撰《丧服》三十一卷、《贺循丧服要记注》十卷、《丧服世要》一卷，张耀撰《丧服要问》二卷，崔凯撰《丧服难问》六卷，伊氏撰《丧服杂记》二十卷，孔智撰《丧服释疑》二十卷，抚军司马费沈撰《丧服集议》十卷；齐有东平太守田僧绍《集解丧服经传》二卷，散骑郎司马瓛撰《丧服经传义疏》五卷，给事中楼幼瑜撰《丧服经传义疏》二卷，步兵校尉刘瓛撰《丧服经传义疏》一卷，征士沈麟士撰《丧服经传义疏》一卷，太尉王俭撰《丧服古今集记》三卷、《丧服图》一卷，光禄大夫王逸撰《丧服世行要记》十卷，袁祈撰《丧服答要难》一卷，王氏撰《丧服记》十卷，严氏撰《丧服五要》一卷，卜氏撰《驳丧服经传》一卷，樊氏撰《丧服疑问》一卷，贺游撰《丧服图》一卷，崔逸撰《丧服图》一卷；梁有步兵校尉五经博士贺玚撰《丧服义疏》二卷，尚书左丞何佟之撰《丧服经传义疏》一卷，通直郎裴子野撰《丧服传》一卷，国子助教皇侃撰《丧服文句义疏》十卷、《丧服问答目》十三卷；陈有国子祭酒谢峤撰《丧服义》十卷，大将军袁宪撰《丧服假宁制》三卷、《丧礼五服》七卷，王隆伯撰《论丧服决》一卷。凡二百十九卷，皆明丧服者也。《周礼》则有晋之乐安王师伊说《周官礼注》十二卷，散骑常侍干宝注《周官礼》十二卷，燕王师王懋约《周官宁朔新书》八卷，司空长史陈邵《周官礼异同评》十二卷，散骑常侍虞喜撰集孙琦问干宝驳《周官驳难》三卷，孙略《周官礼驳难》四卷；梁之桂州刺史崔灵恩《集注周官礼》二十卷，五经博士沈重《周官礼义疏》四十卷。凡百有七卷，视十七篇之《丧服》杀矣！《礼记》则有晋之燕王师王懋约《礼记宁朔新书》八卷，开府仪同三司蔡谟、安北谘议参军曹耽、国子助教尹毅、李轨、员外郎范宣《礼记音》各二卷，骁骑将军徐邈《礼记音》三卷，刘昌宗《礼记音》五卷；宋之奉朝请业遵《礼记注》二十卷，中散大夫徐爰《礼记音》二卷，豫章郡丞雷肃之《礼记义疏》三卷，散骑常侍戴颙《礼记中庸传》二卷；齐之给事中楼幼瑜《礼记摭遗别记》一卷；梁武帝之撰《礼记大义》十卷、《中庸讲疏》一卷，步兵校尉五经博士贺玚之《礼记新义疏》二十卷，国子助教皇侃之《礼记义疏》九十九卷、《礼记讲疏》四十八卷，五经博士沈重之《礼记义疏》四十卷，秘书学士褚晖之《礼记文外大义》二卷，何氏之《礼记义》十卷，庾氏之《礼记略解》十卷，刘隽之《礼记评》十一卷。凡二百九十七卷，而姓名失考者尚略不著，于三礼之中，尤为夥颐沈沈者也。梁桂州刺史崔灵恩撰《三礼义宗》三十卷，征士陶宏景撰《三礼目录注》一卷，秘书学士褚晖撰《三礼疏》一百卷，斯又囊括大典而观其会通者。论者徒以为南朝好清谈，士习祖尚元虚，而孰知殚心礼学，若是之精详哉！斯所以期功去官，犹遵古礼；除服宴客，辄挂弹章也！北朝自魏末大儒华阴徐遵明子判门下讲郑玄三礼，传业于渤海李铉宝鼎，中山冯伟伟节、纪显敬、吕黄龙、夏怀敬、祖儁、田元凤。而铉撰有《三礼义疏》，传业饶安刁柔子璁、河间邢峙士峻、渤海刘昼孔昭、长乐熊安生植之、平原张买奴、渤海鲍季详，独安生最为显学。安生初从房纠受《周礼》；后乃事铉，遂博通五经，然专以三礼教授；弟子自远方至者千余人，乃讨论图纬，捃摭异闻，先儒所未悟者皆发明之；撰《周礼义疏》二十卷，《礼记义疏》三十卷。其后生能通礼经者，多是安生门人。诸生尽通《小戴礼记》，于《周礼》《仪礼》兼通者十二三；而传《大戴礼记》而为之解诂者，厪周太学博士卢辨一家而已！《仪礼》章疏则有二家，信都黄庆，齐之盛德。李孟悊者，称隋硕儒焉。自王肃与郑玄立异，久而论定；六朝南北学三礼，壹宗郑氏，而为义疏者，傥以小戴礼而论，奚啻数百家！然唐有天下，国子祭酒孔颖达奉诏撰定

《礼记正义》六十三卷，序称："南学惟见皇侃，北学惟见熊安生，而皇侃为胜，据以为本；其有不备，则以熊氏补焉。惟熊则违背本经，多引外义，犹之楚而北行，马虽疾而去愈远；又欲释经文，惟聚难义，犹治丝而棼之，手虽繁而丝益乱也。皇氏虽章句详正，微稍繁广，又既遵郑氏，乃时乖郑义，此是木落不归其本，狐死不首其邱。此皆二家之弊，未为得也！"自以为后来居上，虽立说务伸郑注，不免附会，然采摭旧文，词当理博。有因记一二语而作疏至数千言者，如《王制》"制三公一命"云云，疏四千余字；"比年一小聘"云云，疏二千余字；《月令》《郊特牲》篇题，疏皆三千余字；其余一千余字者尤多，元元本本，贯通群经，譬诸依山铸铜，烧海为盐，说礼之家，有钻研莫尽者焉！然颖达之于郑礼，廑疏《记》注。高宗之世，太学博士贾公彦据晋陈邵《周官礼异同评》、梁沈重《周官礼义疏》，撰定《周礼注疏》四十二卷，虽颇引纬书，与郑同讥，然疏不破注，义例则然，而发挥郑学，信称博而能核者焉。然《周礼疏》者，尚有多门，择善而从，借手为易；而《仪礼章疏》，只齐黄庆、隋李孟悊二家而已。然贾公彦撰定《仪礼注疏》十七卷，序称："庆则举大略小，经注疏漏，犹登山远望而近不知。悊则举小略大，经注稍周，似入室近观而远不察。二家之疏，互有修短。今以先儒失路，后宜易涂，故悉鄙情，聊裁此疏。"是创制起例，阐扬郑指，尤有倍难于《周礼》者焉。夫三礼以郑玄为宗，而《仪礼》尤以郑玄为绝学。注文古奥，得疏乃明，抉发涂径，首在发凡。有郑注发凡，而公彦疏辨同异者；有郑注不发凡，而与发凡无异，由疏申明为凡例者；有郑注不发凡，而疏发凡者；有经是变例，郑注发凡而疏申明之者；有经是变例，注不发凡而疏发凡者；有疏不发凡，而无异发凡者。注精而简，疏详而密。分析常变，究其因由，千余年来，议礼者奉为依归。后来著述，皆此书之支流而已！初太宗之世，谏议大夫检校侍中曲城魏徵玄成以《小戴礼记》综汇不伦，更作《类礼》二十篇，采诸儒训注，数年而成。太宗美其书，诏曰："以类相从，别为篇第，并更注解，文义粲然。"录置内府。讫元宗时，魏光乘请用魏徵《类礼》列于经。帝命左散骑常侍元行冲与诸儒集义作疏，将立之学，乃引国子博士范行恭、四门助教施敬本采获刊缀，为五十篇，上于官。使此书得行，则是唐代之于《礼记》，独出魏注之《类礼》元疏一本，创前古之未有。将郑注之《戴记》孔疏，不得擅美千古矣！于是右丞相张说建言："戴圣所录，向已千载，与经并立，不可罢。魏孙炎始因旧书，摘类相比，有如抄掇，诸儒共非之！至徵更加整次，乃为训注，恐不可用。"帝然之。自是元疏之魏注《类礼》不出，而孔疏之郑注《戴记》行。顾元行冲终以为郑注《戴记》，不如魏注《类礼》，著论自辨，名曰《释疑》，大指谓"小戴礼行于汉末，马融为传，卢植合四十九篇而为之解，世所不传。钩党狱起，康成于窜伏之中，理纷拏之典，虽存探究，咨谋靡所。具郑志者百有余科，章句之徒，曾不是省。王肃因之，或多攻诋。而郑学有孙炎，虽扶郑义，条例支分，箴石间起，增革百篇。魏氏病群言之冗脞，采众说之精简，刊正芟砻，书毕以闻，大宗嘉赏，录赐储贰。陛下纂业，宜所循袭，乃制诸儒，甄分旧义。岂悟章句之士，坚持昔言，摈厌不伸，疑于知新，果于仍故。然物极则变，比及百年，当有明哲君子，恨不与吾同世者"。今孙炎《礼记注》三十卷不传，而证以张说、元行冲之言，则是孙注条例支分，已以类比，而魏注《类礼》，特整次孙注而刊其冗脞尔！然孔颖达

《礼记正义》每篇引郑玄《目录》云此于《别录》属某某，如《曲礼》《王制》《礼器》《少仪》《深衣》属制度，《檀弓》《礼运》《玉藻》《大传》《学记》《经解》《哀公问》《仲尼燕居》《孔子闲居》《坊记》《中庸》《表记》《缁衣》《儒行》《大学》属通论，《月令》《明堂位》属明堂阴阳，《曾子问》《丧服小记》《杂记》《丧服大记》《奔丧》《问丧》《服问》《间传》《三年问》《丧服四制》属丧服，《文王世子》属世子法，《内则》属子法，《郊特牲》《祭法》《祭义》《祭统》属祭祀，《乐记》属乐，《投壶》《冠义》《昏义》《乡饮酒义》《燕义》《聘义》属吉事。《别录》者，刘向书也。则是《礼记》之分类，固不始于孙炎、魏徵矣！何张说独议魏徵哉？然魏徵《类礼》卒以张说之言不行。论者谓《戴记》不废，张说固有存古之功；而《类礼》不行，说亦不无泥古之失焉。迨唐中叶，昌黎韩愈退之，一代文雄，然读《仪礼》而苦其难，于是掇其大要，奇辞奥旨著于篇，俾学者可观焉。既唐氏失祚，降为五代，周世宗诏国子司业聂崇义参定郊庙祭玉，因取《三礼旧图》凡六本，重加考订，成《三礼图集注》二十卷，题曰集注，盖兼采六图，不主一家也。宋初上于朝。太祖览而嘉之，遂诏国学图于先圣殿北轩之屋壁焉。考礼图始于汉郑玄、阮谌，《隋书·经籍志》列郑玄及后汉侍中阮谌等撰《三礼图》九卷，是也。其后可考见者，《唐书·艺文志》有《夏侯伏朗三礼图》十二卷、张镒《三礼图》九卷，《崇文总目》有梁正《三礼图》九卷。《宋史》载吏部尚书张昭等奏云："《四部书目》内有《三礼图》十二卷，是开皇中敕礼部修撰。其图第一、第二题云'梁氏'，第十后题云'郑氏'。今书府有《三礼图》，亦题梁氏、郑氏。"四家与郑、阮《图》并不传。意聂崇义所据《三礼旧图》六本者，盖郑玄一，阮谌二，夏侯伏朗三，张镒四，梁正五，开皇敕撰六也。然勘验崇义书之宫室车服等图，与郑注多相违异。欧阳修《集古录》讥其簋图与刘原父所得真古簋不同。朱子亦讥其丑怪不经非古制。是宋代诸儒，亦不以所图为然。然其书搜采诸家，具有来历，当不尽出杜撰也。梁正题阮谌图，讥其不案礼文，而引汉事，与郑君之文违错，正不必以违异郑注，独讥聂崇义此图矣！自唐之孔颖达、贾公彦疏章郑注以成《三礼正义》，而礼学久定壹宗！顾宋儒好创新解，故相违异，而始作之俑者，当推临川王安石介甫。贾公彦以前，说《周礼》者明典制；王安石而后，说《周礼》者阐义理。神宗时，诏置经义局，撰《书》《诗》《周礼》三经义，皆本王安石说，惟《书》《诗》皆出其子雱元泽及诸门弟子手，独《新经周礼义》二十二卷，出安石自为，虽训诂多病穿凿，然依经诠义，如所解八则之治都鄙、八统之驭万民、九两之系邦国者，皆具有发明。后来儒者或訾安石以周礼坏宋，而于是书终不废采用也！《新经》既行，诵习者夥，然而阐明其说，著书传后者，廑见福州陈祥道用之之《礼书》一百五十卷及王昭禹之《周礼详解》四十卷二家而已。祥道之书，贯通经传，论辨精博，缕析条分，间以绘图，唐代诸儒之论，并世聂崇义之图，或正其失，或补其阙，惟掊击郑注，或来訾议。然祥道本王安石之徒，安石说经，既创造新义，务异先儒，然则祥道之排斥旧说，故是师法然尔！何有于郑注哉！至王昭禹未详何人，而撰《周礼详解》，训诂皆用王安石，傥亦安石之徒？然其阐明经义，推究得失，则有不尽同于安石之学，而足订注疏所未逮者。既长乐杨时中立撰《周礼辨疑》一卷，则攻安石之《周礼新经义》者也。南渡后，临川俞廷椿寿翁撰《周礼复古编》一卷，大指谓“五官所属，皆六十，不得有羡”。其羡者皆取以补《冬官》，凿空臆断，殊嫌无据。然自是说《周官礼》者遂有冬官不亡之一派，斯可特笔也！初神宗相王安石，尊《周官礼》，而《仪礼》罢废，学者不复诵习。迄南渡，孝宗之世，两浙转运判官直秘阁曾逮始刊《仪礼郑氏注》十七卷，陆德明《释文》一卷，冠以《目录》一卷，载大小戴刘向篇第异同，而永嘉张淳忠甫实为之校定，撰《仪礼识误》三卷，其所引据，有周广顺三年及显德六年刊行之监本，有汴京之巾箱本，有杭之细字本，严之重刊巾箱本，参以陆德明《释文》、贾公彦疏，核订异同，最为详审。惟株守《释文》，往往以习俗相沿之字，转改六书正体，此实不能无蔽。然是书存，而古经汉注之讹文脱句，借以考识，旧椠诸本之不传于今，亦借以得见崖略，其有功于《仪礼》，诚非浅鲜也。自是《仪礼》之学渐盛！而庐陵李如圭宝之撰《仪礼集释》三十卷，壹宗郑注，而旁征博引以为之释，出入经传，多发贾公彦疏所未备；而别出《纲目》一卷，以明章句之旨；又为《释宫》一卷，以考宫室之制。而《释宫》之作，尤为礼家之所不可缺！何者？盖古者宫室皆有定制，历代屡更，渐非其旧，如序、楹、楣、阿、箱、夹、牖、户、当荣、当碑之属，读《仪礼》者倘不能备知其处，则于陈设之地、进退之位，俱不能知，甚或以后世之规模，臆测先王之度数。而如圭是书，仿《尔雅·释宫》，条分胪序，各引经记注疏，参考证明，如据《顾命》东西序、东西夹、东西房之文，证寝庙之制，异于明堂，而不用孔疏引郑志成王崩在镐京，宫室因文武不改作，故制同诸侯之说。又如大夫士东房西室之说，虽仍旧注，而据《聘礼》“宾馆于大夫士”证其亦有右房，据《乡饮酒》及《少牢》《馈食》证大夫士亦有左房东房之称，与天子诸侯言左对右、言东对西者同。其辨析详明，深得经意，发先儒之所未发，大率类此！信可为治仪礼者之圭臬也！朱子尝与如圭校定礼书，而谓“《仪礼》者，礼之根本。《礼记》本秦、汉诸儒解释《仪礼》之书，须与《仪礼》参通，修作一书”，因撰《仪礼经传通解》三十七卷，凡《家礼》五卷，《乡礼》三卷，《学礼》十一卷，《邦国礼》四卷，共二十三卷，为四十二篇，中阙《书数》一篇，《大射》至《诸侯相朝》八篇，尚未脱稿，其卷二十四至卷三十七，凡十八篇，则仍前草创之本，是为《王朝礼》，中阙《卜筮》一篇，目录《践阼》第三十一以后序说并阙，盖未成之本也。其书以《仪礼》为主，而取《大小戴礼记》及他书传所载系于礼者附入之。惟所载《仪礼》诸篇，咸非旧次，亦颇有所厘析，或者不免割裂古经之讥。然自王安石废罢《仪礼》，独存《礼记》，朱子纠其弃经任传，遗本宗末，于是解记附经，撰成是书。《答应仁仲书》曰：“前贤常患《仪礼》难读。以今观之，只是经不分章，记不随经，而注、疏各为一书，故使读者不能遽晓。今定此本，尽去诸弊，恨不得令韩文公见之也。”观其分章表目，开卷了然，傥亦考礼者所不废乎？惟《丧》《祭》二礼，未及伦次，则以属其女夫长乐黄榦直卿。榦草创就质，喜曰：“君所立丧祭礼规模甚善。”则是朱子之与榦者深也。然榦仅成《丧礼》十五卷，其《祭礼》则未及订定而卒。福州杨复信斋者，亦朱子门人，而榦之修《祭礼》也，尝邀复参订焉，遂据稿本，参以所闻，续成其书，凡十四卷，并榦成《丧礼》为《续仪礼经传通解》二十九卷，今自卷十六至卷二十九，皆复所修也。虽续解不出朱子，而端绪相因，规模不异，古礼之梗概节目，亦大略具是矣！初建德赵彦肃子钦作特牲、少牢二礼图，质于朱子。朱子曰：“更得

《冠昏图》及《堂室制度》并考之，乃佳！”于是杨复原本师意，录十七篇经文，节取旧说，疏通其意，各详其仪节陈设之方位，系之于图，凡二百有五，曰《仪礼图》。又分《宫庙门》《冕弁门》《牲鼎礼器门》，为图二十有五，名《仪礼旁通图》，附于后。其于是经，可谓用心勤挚矣！惟是读《仪礼》者，必明于古人宫室之制，然后所陈所位，揖让进退，不失其方，故李如圭《仪礼集释》、朱子《仪礼经传通解》皆特出《释宫》一篇以总挈大纲，使众目皆有所丽。而复是书，独废此一门，但随事立图，或纵或横，既无定向，或左或右，仅列一隅，遂似满屋散钱，纷无条贯！其见于《宫庙门》者，仅止七图，而远近广狭，亦未分明！然其余诸图，尚皆依经绘象，约举大端，而于议礼考文尚不无裨补！此南宋诸儒之治《仪礼》者也。考南宋诸儒之治《礼记》者，莫善于吴郡卫湜正叔，撰《礼记集说》一百五十卷，自序言“日编月削，几二十余载”。故采摭群言，最为赅博，去取亦最为精审。其后序云：“他人著书，惟恐不出于己。予之此编，惟恐不出于人。后有达者，毋袭此编所已言，没前人之善也！”则甚矣其用心之厚，可特表而出之者也。自郑注而下，所取凡一百四十家。其他书之涉于《礼记》者，所采录不在此数也。今自郑注、孔疏而外，原书无一存者，可谓《礼记》注家之搜采极博者也！时乐清王与之次点撰《周礼订义》八十卷，采旧说五十一家，亦称极博！然唐以前，仅杜子春、郑兴、郑众、郑玄、崔灵恩、贾公彦等六家，其自刘敞以下四十五家，则皆宋人，凡文集、语录，无不搜采，盖以当代诸儒为主，古义特附存而已。冠以浦城真德秀西山序称：“郑、贾诸儒，析名物，辨制度，不为无功，而圣人微旨，终莫之睹！惟洛之程氏，关中之张氏，独得圣经精微之蕴！永嘉王君，其学本于程、张。”盖以义理为本，典制为末，故所取宋人独多矣！其注《考工记》，据古文《尚书》周官司空之职，谓冬官未尝亡，则袭俞廷椿之说。惟是四十五家之书，十佚八九，仅借与之是编以传，虽贵近贱远，不及卫湜《礼记集说》之多存古义，而搜罗宏富，要亦湜之亚矣！此宋儒《礼注》之宏博者也。若乃根据注疏，义取简约，厥有临邛魏了翁鹤山之《仪礼要义》五十卷，赣州朱申继显之《周礼句解》十二卷。了翁之书，为《九经要义》之一，于每篇各为条目，而节取注疏，录于下方，与《周易》《尚书要义》略同，盖其著书本例如是也。夫《仪礼》于诸经为难读，而郑注古奥不易通，贾疏文繁句复，虽详赡而伤芜蔓，端绪不明。今了翁删繁取要，分胪纲目，条理秩然，使品节度数之辨，不复以辞义轇轕为病，斯足为初学之津梁也！申之句解，大略逐句诠释，裁约注疏而申以己见，其间有力主注疏而曲为引证者，然亦有与注疏异者，至于注疏之疑不能决者，则从多闻阙疑之例，诚慎之也！然宁乡易祓彦章撰《周官总义》三十卷，则直研索经文，断以己意，与注疏不嫌异同，虽持论互有短长，要皆以经释经，不为凿空，而于《职方氏》之地理山川，考证尤详，斯又词必己出，不蹈前人者也！南宋入元，而礼家胥出南人，盖仍宋学也。最著者崇仁吴澄草庐，掇拾逸经，以补《仪礼》之遗，撰《仪礼逸经传》二卷，凡经八篇，曰《投壶礼》，曰《奔丧礼》，取之《礼记》；曰《公冠礼》，曰《诸侯迁庙礼》，曰《诸侯衅庙礼》，取之《大戴礼记》，而以《小戴礼记》相参定；曰《中霤礼》，曰《禘于太庙礼》，曰《王居明堂礼》，取之郑康成《三礼注》所引《逸礼》。编次先后，皆依行礼之节次，不尽从其原文，盖仿朱子《仪礼经传通解》之例。其引二戴《记》，著所出；郑注不著所出。惟郑注三礼曾引之《天子巡狩礼》《烝尝礼》《军礼》《朝贡礼》《逸奔丧礼》，皆未见采，而《中霤礼》《禘于太庙礼》《王居明堂礼》之见引郑注，未采澄书者亦不少。至传十篇，则皆取之二戴《记》，曰《冠仪》，曰《昏仪》，曰《士相见仪》，曰《乡饮酒仪》，曰《乡射仪》，曰《燕仪》，曰《大射仪》，曰《聘仪》，曰《公食大夫仪》，曰《朝事仪》，其《乡射仪》《大射仪》取《礼记·射义篇》所陈天子诸侯卿大夫之射，厘之为二；其《士相见》《公食大夫》二仪，则取宋刘敞之所补。然敞拟记而作者，尚有《投壶仪》一篇，亦见敞所著《公是集》，而澄遗焉，则亦不免多所疏漏。然较之祁门汪克宽德辅所撰之《经礼补逸》，则条例精密多矣！克宽之《经礼补逸》九卷，盖取《仪礼》《周官》《大小戴记》《春秋三传》以及诸经之文，有涉于礼者，以吉、凶、军、宾、嘉五礼统之，《吉礼》之目六十有八，《凶礼》之目五十有七，《军礼》之目二十有五，《宾礼》之目十有三，《嘉礼》之目二十有一，而以《礼经附说》终焉。然克宽究心道学，于礼家度数非所深求，于著书体例亦不甚讲，如每条必标出典是矣，乃一类之中，条条连缀书之，合为一篇，文相属而语不属，遂致参差无绪；又此书实考典文，非考故事，乃多载《春秋》失礼之事，系以论说，杂列古制之中，卷页虽视澄书为增，而精实则远逊澄焉！澄之撰《礼记纂言》也，其书三十六卷，每一卷为一篇，大致以《戴记》经文庞杂，疑多错简，故每一篇中，其文皆以类相从，俾上下文意义联属贯通，而识其章句于左。其三十六篇次第，亦以类相从。凡《通礼》九篇，《丧礼》十一篇，《祭礼》四篇，《通论》十一篇，各为标目，如《通礼》首《曲礼》，则以《少仪》《玉藻》篇附之，皆非小戴之旧，盖刘向《别录》、魏徵《类礼》之嗣响也。他如《大学》《中庸》，依宋儒别隶四书，而《投壶》《奔丧》归于《仪礼》，《冠义》等六篇别辑为《仪礼传》，胥以隶于《仪礼逸经传》之内焉。傥亦张皇补苴，有裨礼经者乎？若乃疏解三礼，继往开来，厥有豫章毛应龙介石之《周官集传》十六卷，长乐敖继公君善之《仪礼集说》十七卷，都昌陈澔可大之《礼记集说》十卷，大抵好为臆谈，不本古义，三家之所同蔽！而度长挈短，当以敖继公《仪礼集说》为善。其自序称："郑康成注疵多而醇少，删其不合于经者。意义有未足，则取疏或先儒之说以补之，又未足，则附以一得之见。"又疑《丧服传》违背经义，非子夏作，皆未免宋儒师心之余习。然于郑注之中，录其所取，而不攻驳所不取，无吹毛素垢，百计求胜之心。盖继公于礼，所得颇深，其不合于旧说者，不过所见不同，各自抒其心得，初非矫激以争名，故与目未睹注疏之面而随声佐斗者有不同也！且郑注简约，又多古语，贾公彦疏尚未能一一申明，继公独逐字研求，务畅厥旨，实能有所发挥，则亦不病其异同矣！毛应龙之《周官集传》，胶执旧文，疏于考核，不如敖继公《仪礼》之能疏通证明，然诸家训释，引据颇博，而于冕服车旗之度，庙祧昭穆之制，司尊彝之六尊六彝，司几筵之五几五席，方弓义弓之异名，正岁正月之并用，条例引证，颇为明晰。宋以来诸家散佚之说，尚因是以存崖略，其搜辑之功，尤不可没也。至陈澔之《礼记集说》，其详明者，皆袭自郑注，其简略者，即自以意为删改，不知礼制当有根据，礼意当有发明，而笺释字句，循文为诂，用为蒙训则有余，求以经术斯不足，要视敖继公之《仪礼》、毛应龙之《周礼》尤为卑之无甚高论者矣！初仁宗制定科举，虽罢《仪礼》《周礼》，不以试士，独用《礼记》，然《礼记》则专用古注疏，盖其时老师宿儒，犹有存者，知礼不可以空言解也。澔之《集说》，徒托空言，而成书则在仁宗制科举之后，本不为议礼者所重，徒以礼文奥赜，诵读为难，因其疏解，得知门径，斯以为便蒙之读本耳！讵意明纂元祚，遂定《礼记》用澔说。而成祖命行在翰林院学士胡广等修《五经大全》，其中《礼记》三十卷，壹以澔说为宗，用以取士，遂诵习相沿。而不知用注疏，则《集说》之精华毕出；用《集说》，则昔贤之训诂半沦。此固澔始愿所不及也。夫说《礼记》者，汉、唐莫善于郑、孔，而郑注简奥，孔疏典赡，皆不似澔说之浅显。宋儒莫详于卫湜，而卷帙繁富，亦不似澔说之简易。又南宋以来，朱子之学大行，而澔父大猷师余干饶鲁，鲁师黄榦，而榦为朱子之婿，遂借朱学之旗鼓，独列学官而成礼家不刊之书焉。自是《礼记》之陈澔《集说》行，而郑注、孔疏废！三礼之在有明，几为绝学！《礼记》既古义荡然！而《仪礼》束阁无人问！独《周礼》差多习者。然《周礼》一书，得郑注而训诂明，得贾疏而名物制度，考究大备，虽有疏舛，要非宋、元诸儒望文凿空者所得置辞也！宋儒周、程、张、朱自度征实之学，必不能出汉、唐上，故虽盛称《周礼》，而皆无笺注之专书，其传于今者，王安石、王昭禹始推寻于文句之间，而自俞廷椿以后，多骋臆见，窜乱《五官》以补《冬官》之亡，经遂破裂不完！朱申以后，又苟趋简易，以叙官为无用而删之，经遂有目无纲。沿及明代，弥逐颓波，又空疏不事考据，而推论义理，于是考证之学，渐变为论辨之学。其可考见者，如山阴季本明德之《读礼疑图》六卷，归安唐枢惟镇之《周礼因论》一卷，昆山王应电昭明之《周礼传》十卷、《翼传》二卷、《图说》二卷，德清沈瑶林珍之《周礼发明》一卷，大抵议论多而考证少！至广昌何乔新廷秀之《周礼集注》七卷、进贤舒芬国裳之《周礼定本》四卷、长兴陈深子渊之《周礼训隽》二十卷、长乐柯尚迁之《周礼全经释原》十四卷、休宁金瑶德温之《周礼述注》六卷、丰城徐即登匡岳之《周礼说》十四卷、京山郝敬仲舆之《周礼完解》十二卷、莆田郭良翰道宪之《周礼古本订注》六卷，则又承讹袭谬，窜乱古经，而宗宋俞廷椿《冬官》不亡之说者也。郑注、贾疏亦几几乎从祧矣！独昆山王志长平仲于神宗之世，撰《周礼注疏删翼》三十卷，壹以郑注、贾疏为主。谓之删者，以其书多刊削郑注、贾疏之繁文也。又杂引诸家之说以发明其义，故谓之翼。虽多采宋以后说，不免浮文妨要，而能以注疏为根柢，尚变而不离其宗者也！又篇第壹遵旧次，不为窜乱，亦为力遏横流。在经学荒芜之日，临深为高，可谓研心古义者矣！既让清代兴，礼学重光！而首开风气，驱除先路者，厥推济阳张尔岐稷若、鄞县万斯大充宗，皆明之遗献也！初尔岐之父曰廷鸾者，自以家藏宋景德中官本《仪礼疏》，正经注语，皆标起止，而疏文列其下，因以明国子监刊本附益，手自点校，并取朱子与黄幹、杨复所次，成《仪礼郑注句读》十七卷，附《监本正误》《石经正误》二卷。其书全录《仪礼》郑注，摘取贾疏，而略以己意断之，于字句同异，考证极详，所校除监本外，则有唐开成石经本、元吴澄本，及陆德明《音义》、朱子师弟《经传通解》诸家，其谬误脱落，衍羡颠倒，经注混淆之处，皆参考得实，又以监本十三经，《仪礼》脱误尤多，而西安王尧惠刻《石经补字》，亦有舛错，乃为一一驳正，而因其文之古奥难通也，故并为之句读。盖《仪礼》一经，自唐韩愈已苦难读，故习者愈少，传刻之讹愈甚！尔岐兹编，于学者可谓有功矣！昆山顾炎武亭林于友朋严于推许，独为人称尔岐《仪礼郑注句读》一书，根本先儒，立言简当，而惜其不求闻达，无当时之名！作《广师篇》曰："独精三礼，卓然经师，吾不如张稷若！"推挹甚至，不徒然也！至斯大以三礼名当世，不同尔岐之暗然隐沦，传者称"斯大排纂说礼之言，较卫湜为尤传，湜无所折衷，而斯大则批却导窍，言之了了，为书三百卷"，惜其不见，而别出者四书：曰《周官辨非》一卷，大旨病其官冗而赋重，历引诸经之相抵牾者，以力攻其伪也；曰《仪礼商》二卷，则取《仪礼》十七篇，篇为之说者也；曰《学礼质疑》二卷，盖读礼有不安者，以志疑也；曰《礼记偶笺》三卷，则与《学礼质疑》相为表里者。大抵好出新义，勇于师心，读者或喜其覃思，而亦嫌其自用！然斯大学本淹通，用思尤锐，其合处往往发明前人所未发，如《仪礼商》之辨治朝无堂，《学礼质疑》之辨商、周改月改时，周诗周正，兄弟同昭穆，及宗法十余篇，推阐皆极精确，置其非而存其是，亦未始非一家之学也！然好骋独见，不尽可依据，转不如张尔岐恪守郑注，离经辨志之谨朴矣！自张尔岐、万斯大而后，风气大开，议礼之作日出，略可考见者，《周礼》则有安溪李光坡耜卿之《周礼述注》二十四卷，李钟伦世得之《周礼训纂》二十一卷，桐城方苞望溪之《周官集注》十三卷、《周官析疑》三十六卷、《考工记析义》四卷、《周官辨》一卷，吴县惠士奇天牧之《礼说》十四卷，婺源江永慎修之《周礼疑义举要》七卷，金坛段玉裁懋堂之《周礼汉读考》六卷，韦协梦之《周官汇说》三十二卷、附《解义》十二卷，武进庄存与方耕之《周官记》五卷、《周官说》二卷、《周官说补》三卷，德清徐养原新田之《周官故书考》四卷，南城王聘珍贞吾之《周礼学》二卷，南海曾钊冕士之《周礼注疏小笺》四卷，湘潭王闿运壬秋之《周官笺》六卷，瑞安孙诒让仲容之《周礼正义》八十六卷焉；《仪礼》则有李光坡之《仪礼述注》十七卷，方苞之《仪礼析疑》十七卷，仁和吴廷华中林之《仪礼章句》十七卷，无锡蔡德晋仁锡之《礼经本义》十七卷，吴江沈彤果堂之《仪礼小疏》一卷，长洲褚寅亮搢升之《仪礼管见》四卷，秀水盛世佐之《仪礼集编》四十卷，江永之《仪礼释例》一卷，段玉裁之《仪礼汉读考》一卷，歙县凌廷堪次仲之《礼经释例》十三卷，韦协梦之《仪礼集解》四十卷、《仪礼章句》十七卷，武进张惠言皋文之《仪礼图》六卷、《读仪礼记》二卷，绩溪胡培翚竹村之《仪礼正义》四十卷，泾胡承珙墨庄之《仪礼古今文疏义》十七卷，徐养原之《仪礼古今文异同疏证》十七卷，嘉定金曰追璞园之《仪礼经注疏正讹》十七卷，绩溪胡匡衷朴斋之《郑氏仪礼目录校证》一卷，王聘珍之《仪礼学》一卷，湘乡曾国藩涤生之《读仪礼录》一卷，遵义郑珍子尹之《仪礼私笺》六卷，湘潭王闿运壬秋之《礼经笺》十七卷焉；《礼记》则有满洲纳喇性德容若之《陈氏礼记集说补正》三十八卷，李光坡之《礼记述注》二十八卷，方苞之《礼记析疑》四十六卷，江永之《礼记训义择言》八卷，仁和杭世骏大宗之《续卫氏礼记集说》一百卷，江都焦循里堂之《礼记补疏》三卷，阳城张敦仁古余之《抚本礼记郑注考异》二卷，德清俞樾荫甫之《礼记异文笺》《礼记郑读考》各一卷，侯官陈乔枞朴园之《礼记郑读考》六卷，湘潭王闿运壬秋之《礼记笺》四十六卷，湘阴郭嵩焘筠仙之《礼记质疑》四十九卷焉。若乃一事一篇，专攻名家者，《周礼》则有沈彤之《周官禄田考》三卷，嘉定王鸣盛西庄之《周礼军赋说》四卷，休宁戴震东原之《考工记图》二卷，仪征阮元芸台之《车制图考》一卷，歙程瑶田易畴之《沟洫疆理小记》《水地小记》《考工创物小记》各一卷，郑珍之《考工轮舆私笺》一卷、《附图》一卷，定海黄以周元同之《军礼司马法》一卷；《仪礼》则有秀水诸锦襄七之《补飨礼》一卷，荆溪任启运翼圣之《宫室考》十三卷、《肆献祼馈食礼》三卷，江永之《释宫谱增注》一卷，兴化任大椿幼植之《弁服释例》八卷，临海洪颐煊筠轩之《礼经宫室答问》二卷，程瑶田之《丧服足征记》十卷，胡匡衷之《仪礼释官》九卷，南丰吴嘉宾子序之《丧服会通说》四卷；《礼记》则有钱塘邵泰衢鹤亭之《檀弓疑问》一卷，江永之《深衣考误》一卷，吴县惠栋定宇之《明堂大道录》八卷、《禘说》二卷，任大椿之《深衣释例》三卷，胡培翚之《燕寝考》三卷，善化皮锡瑞鹿门之《王制笺》一卷，南海康有为长素之《礼运注》一卷。而兼综博考，不名一家者，则又有昆山徐乾学健庵之《读礼通考》一百二十卷，平湖陆陇其稼书之《读礼志疑》六卷，江永之《礼书纲目》八十五卷，金匮秦蕙田树峰之《五礼通考》二百六十二卷，歙金榜檠斋之《礼笺》三卷，曲阜孔广森扮约之《礼学卮言》六卷，江都凌曙晓楼之《礼说》四卷，侯官陈乔枞朴园之《礼堂经说》二卷，临海金鹗诚斋之《求古录礼说》十五卷、《补遗》一卷，当涂夏炘心伯之《学礼管释》十八卷，仁和邵懿辰位西之《礼经通论》一卷，黄以周之《礼书通故》一百卷，皮锡瑞之《三礼通论》一卷焉。凡一千六百三十一卷，其不知者盖阙如也，可谓洋洋乎大观也哉！间尝究其得失明其指归，有考订字句，正其讹脱者；有辨章注语，校其音读者；有离经辨志，明其章句者；有发凡起例，观其会通者；有删正旧注，订其阙失者；有驳纠前人，庶乎不刊者；有明发经疑，以俟论定者；有偶疏小笺，自抒所见者；有折衷至当，重造新疏者；有依物取类，绘为礼图者；有疏证名物，究明古制者；有心知其意，创通大义者；有网罗众说，博采前贤者；有旁采古记，而补礼经之阙佚者；有囊括大典，而考礼制之沿革者；有兼综三礼，而明礼学之源委者。略条诸家，以明指归，则有胡承珙之《仪礼古今文疏义》，徐养原之《周官故书考》《仪礼古今文异同疏证》，金曰追之《仪礼经注正讹》，张敦仁之《抚本礼记郑注考异》，俞樾之《礼记异文笺》，斯所谓考订字句，正其讹脱者也。段玉裁之《周礼汉读考》《仪礼汉读考》，俞樾、陈乔枞之《礼记郑读考》，斯所谓辨章注语，校其音读者也。吴廷华、韦协梦之《仪礼章句》，江永之《礼书纲目》，胡匡衷之《郑氏仪礼目录校证》，所谓离经辨志，明其章句者也。江永之《仪礼释例》，凌廷堪之《礼经释例》，庄存与之《周官记》，任大椿之《弁服释例》《深衣释例》，斯所谓发凡起例，观其会通者也。李光坡之《周礼述注》《仪礼述注》《礼记述注》，李钟伦之《周礼训纂》，斯所谓删正旧注，订其阙失者也。纳喇性德之《陈氏礼记集说补正》，惠士奇之《礼说》，沈彤之《周官禄田考》，江永之《礼记训义择言》《深衣考误》，褚寅亮之《仪礼管见》，郑珍之《仪礼私笺》，斯所谓驳纠前人，庶乎不刊者也。陆陇其之《读礼志疑》，方苞之《周官析疑》《周官辨》《仪礼析疑》《礼记析疑》，邵泰衢之《檀弓疑问》，江永之《周礼疑义举要》，郭嵩焘之《礼记质疑》，斯所谓明发经疑，以俟论定者也。沈彤之《仪礼小疏》，金榜之《礼笺》，孔广森之《礼学卮言》，庄存与之《周官说》《周官说补》，焦循之《礼记补疏》，张惠言之《读仪礼记》，王聘珍之《周礼学》《仪礼学》，曾国藩之《读仪礼录》，曾钊之《周礼注疏小笺》，斯所谓偶疏小笺，自抒所见者也。胡培翚之

《仪礼正义》，孙诒让之《周礼正义》，斯所谓折衷至当，重造新疏者也。戴震之《考工记图》，阮元之《车制图考》，张惠言之《仪礼图》，郑珍之《考工轮舆私笺附图》，斯所谓依物取类，绘为礼图者也。任启运之《宫室考》，江永之《释宫谱增注》，王鸣盛之《周礼军赋说》，程瑶田之《沟洫疆理小记》《水地小记》《考工创物小记》，洪颐煊之《礼经宫室答问》，胡培翚之《燕寝考》，胡匡衷之《仪礼释宫》，陈乔枞之《礼堂经说》，金鹗之《求古录礼说》，夏炘之《学礼管释》，斯所谓疏证名物，究明古制者也。惠栋之《明堂大道录》《禘说》，程瑶田之《丧服足征记》，凌曙之《礼说》，吴嘉宾之《丧服会通说》，皮锡瑞之《王制笺》，康有为之《礼运注》，斯所谓心知其意，创通大义者也。方苞之《周官集注》，蔡德晋之《礼经本义》，杭大宗之《续卫氏礼记集说》，盛世佐之《仪礼集编》，韦协梦之《周官汇说》《仪礼集解》，斯所谓网罗众说，博采前贤者也。诸锦之《补飨礼》，任启运之《肆献祼馈食礼》，黄以周之《军礼司马法》，斯所谓旁搜故记，而补礼经之阙佚者也。徐乾学之《读礼通考》，秦蕙田之《五礼通考》，黄以周之《礼书通故》，斯所谓括囊大典而考礼制之沿革者也。邵懿辰之《礼经通论》，皮锡瑞之《三礼通论》，斯所谓兼综三礼而明礼学之源委者也。虽议礼考文，厥功无二，然识大识小，贤否判然。而扬榷群言，较其短长，要以惠士奇之《礼说》，盛世佐之《仪礼集编》，褚寅亮之《仪礼管见》，杭大宗之《续礼记集说》，秦蕙田之《五礼通考》，段玉裁之二礼《汉读考》，庄存与之《周官记》，凌廷堪之《礼经释例》，张惠言之《仪礼图》，胡培翚之《仪礼正义》，邵懿辰之《礼经通论》十二家开设户牖，为能不诬来学，斯有可得而论者焉！按惠士奇之《礼说》，廑限于《周礼》，而言礼学者，固以郑玄为宗，然必悉其名物而后可求其制度，得其制度而后可语其义理。郑玄之时，去周已远，其注《周礼》，多比拟汉制以明之。后世去汉，年代杳远，在玄当日之所谓犹今某物某事某官者，多不解为何语，而当日经师训诂，辗转流传，亦往往形声并异，不可以今音今字推求。士奇之书，虽不载全经，而惟标举其所考证驳辨者，然古音古字，无不为之分别疏通，而援引诸史百家之说，或以证明周制，或以参考郑氏所引之汉制以递求周制，而阐明制作之意，尤为有裨礼学，不惑方来！其持论以为："《礼经》出于屋壁，多古字古音。经之义存乎训。识字审音，乃知其义，故诂训不可改也。康成注经，皆从古读，盖字有音义相近而讹者，故读从之。后世不学，遂谓康成好改字，岂其然乎！康成三礼，何休《公羊》，多列汉法，以其去古未远，故借以为况。贾公彦于郑注，如'飞矛''扶苏''薄''借綦'之类，皆不能疏，所读之字，亦不能疏，辄曰从俗读，甚非不知盖阙之义！夫汉远于周，而唐又远于汉，宜其说之不能尽通也！况宋以后乎！周秦诸子，其文虽不雅驯，然可引为礼经之证，以其近古也。故不读非圣之书者，非善读书！"斯诚通儒之谈，而非拘文牵义之经生所敢与知者也！盛世佐本末无考，其《仪礼集编》一书，成于乾隆十二年丁卯，虽不如惠氏《礼说》之湛深经术，而裒辑古今说《仪礼》者一百九十七家，断以己意，无浅学空腹高谈轻排郑、贾之习，于诸家谬误，辨证极详，而以宋杨复之《仪礼图》，本注疏作，然时有并注疏之意失之者，亦一一是正之。其持论谓："朱子《仪礼经传通解》，析诸篇之记，分属经文，盖编纂之初，不得不权立此例，以便寻省。惜未卒业，而门人继之，因仍不改，非朱子意。"故是编经自经，记自记，一依郑玄，其《士冠》《士相见》《丧服》等篇经、记传写混淆者，则别定次序于后而不敢移易经文，亦可谓《仪礼》家之谨严者矣！时则有褚寅亮，殚精《仪礼》盖三十年，尝谓："宋人说经，好为新说，弃古注如土苴。独《仪礼》为朴学，空谈义理者无从措辞，而朱子、黄幹、杨复诸大儒又崇信之，故郑氏专门之学，未为异义所汩！至元吴兴敖继公出，乃诋为'疵多醇少'，其所撰集说，云采先儒，实骋私臆！学者苦注疏之繁重而乐其易晓，往往舍古训而从之！近儒方苞、沈彤咸称其善。然推继公之意，不在解经，而实有意与郑玄立异，特巧于立言，含而不露，若无意排击者，是以入其玄中而不悟！至于说有不通，甚且改窜经文，曲就其义。如《乡饮酒》记'若有北面者东上'，敖改东为西，不知注明言'统于门'，门在东，则不得以西为上也。《乡射》记'胜者之弟子洗觯，升酌，南面坐，奠于丰上，降，袒，执弓，反位'，敖以'袒执弓'句为衍，不知所谓'胜者之弟子'，即射宾中年少者，以是胜党，故'袒执弓'，非衍文也。《燕礼》'媵觚于宾'，敖改觚为觯，不知献以爵者酬以觯，燕礼，宰夫主献，既不以爵，则酬亦不以觯矣！安可破觚为觯乎？《大射仪》'以耦左还，上射于左'，敖依《乡射》改为于右，不知上射位在北，下射位在南，乡射大射所同。但乡射位在福西，从福向西，则北为右；大射次在福东，从福向东，则北为左。敖比而同之，昧于东西之别矣。《丧服》记'公子为其妻缥冠'，敖改缥为练，不知练冠之纰，亦缘以缥，故《间传》云：'练冠缥缘。'就其质言之曰练冠，就其纰言之曰缥冠。母重，故言其质；妻轻，故言其纰。非有二也。《士虞礼》'明齐醙酒'，敖以醙酒为衍文，不知注明言'有酒无醴'，而据下文'普荐醙酒'，亦专言酒，不及醴，岂得妄解明齐为醴，辄删经文乎？《特牲馈食礼》‘三拜众宾，众宾答再拜’，敖改再为一，不知乡饮酒众宾答一拜者，大夫为主人也；有司彻之答一拜者，大夫为祭主也。此士礼，安得以彼相例乎？”凡如所云，皆融贯全经，疏通证明，虽善辨者不能为敖氏置喙也！因著《仪礼管见》一书，虽不如盛世佐《仪礼集编》之博洽，而于敖氏书绳愆纠违，亦有世佐所不逮者焉！杭世骏《续礼记集说》，所录自宋、元人迄于清初，别择固极精审，而搜采之博，亦不亚盛世佐之于《仪礼集编》；惟其书网罗群言，而略不折衷以己意，则有与世佐异者，盖仍卫湜之例。然论礼书之采摭极博，当无有过于秦蕙田《五礼通考》者也！蕙田专攻礼学，及冠之年，与同县蔡德晋宸锡、吴鼐大年、吴鼎尊彝兄弟为读经会，而蕙田实尸其事。相与论：“三礼自秦、汉诸儒抱残守缺，注疏杂入谶纬，轇輵纷纭。《宋史》载：‘朱子尝欲取《仪礼》、《周官》、二戴《记》为本，编次朝廷公卿大夫士民之礼，尽取汉、晋以下诸儒之说，考订辨正，以为当代之典。’今观所著《经传通解》，继以黄、杨二氏修述，仅汇纂经传，而未及考订汉、晋以来之礼。然汉、晋以来之礼，即孔子所谓百世可知之礼，皆有天下者议礼考文制度之实，而为当代礼典所由出，特其沿革损益，不能尽合古人者有之，而其不合之处，正宜搜罗详述，考订折衷，以定其是非。此而不录，则世儒议礼，所谓损益可知者，从何处下手，虽欲为叔孙通之绵蕞，而不可得矣！独昆山徐乾学《读礼通考》一书，本之经传而参以历代典制，规模义例，具得朱子本意。惜其仅及丧葬，而《周官·大宗伯》所列五礼之目，古经散亡，鲜能寻端竟委！”乃于《礼经》之文，如郊祀、明堂、宗庙、禘尝、飨宴、朝会、冠昏、宾祭、宫室、衣服、器用等，先之以经文之互见错出，足相印证者，继之以注疏诸儒之抵牾訾议者，又益以唐、宋以来专门名家之考论发明者，半月一会，问者难者，答者辨者，回旋反覆，务期惬诸己、信诸人，而后乃笔之笺释，存之考辨，如是者二十余年，而裒然渐有成帙矣！然后发凡起例，一依徐氏，而网罗众说，以成一书，凡为类七十五，以乐律附于吉礼宗庙制度之后，以天文推步句股割圜，立“观象授时”一题统之，以古今州国都邑山川地名，立体国经野一题统之，并载入嘉礼，虽事嫌旁涉，非五礼所应该，不免有炫博之意，然周代六官，统名曰礼，礼之用，精粗条贯，所赅本博，故朱子《仪礼经传通解》于《学礼》载钟律诗乐，又欲取许慎《说文解字》序说及《九章算经》为《书数篇》而未成，则蕙田之以类纂附，尚不为无据也。顾同县顾栋高震沧读其书而讥焉，谓：“援引多而断制少，典故多而发明少，如礼书总账簿，读者漫无别择，甚无谓也！”蕙田则应之曰：“援引者，断制之所从出；断制者，援引之归宿也。苟不援引，何从断制？善援引者，正即援引而成断制，非两事也。孔子曰：‘礼失而求诸野。’稗官小说，亦取其言之是而助吾之断制者耳。即不然，亦显著其谬，明斥其非，不使如隐慝之潜滋，阴流其毒，以惑后世，而潜害吾之断制者耳。如此，则援引愈多，典故愈多，而发明断制亦因以详备，然后疑处可破，碍障可除，先圣之制作，乃独伸其是而尊于百世之上！岂漫无别择而牵引之哉！若使希图省事，源流本末，罔然不知，即有所谓断制者，亦必凭私忖度，罅隙百出，动辄挂碍而不足信。孔子曰：‘文献不足故也，足则吾能征之矣！’《中庸》曰：‘无征不信。’征者，援引也，典故也。”以故考证经史，原原本本，具有经纬。而同削草者吴鼎，与校订者，桐城方观承宜田、嘉定钱大昕莘楣、山阳吴玉搢山夫也。可谓体大物博，而集历代礼制之大成者矣！然议礼制固綦难，考礼文亦不易，而考礼文之审，其惟段玉裁之二礼《汉读考》乎！自序称："点画谓之文，文滋谓之字。音读谓之名，名之分别部居谓之声类。郑君注《周礼》，多采杜、卫、贾、马、二郑之说，犹有差错，同事相违，则就其原文字之声类，考训诂。盖训诂必就其原文，而后不以字妨经；必就其字之声类，而后不以经妨字也。汉人作注，于字发疑正读，其例有三：一曰'读如读若'，二曰'读为读曰'，三曰'当为'。'读如读若'者，疑其音也。古无反语，故为比方之词。'读为读曰'者，易其字也。易之以音相近之字，故为变化之词。比方主乎同，音同而义可推也；变化主乎异，字异而义憭然也。比方主乎音，变化主乎义。比方不易字，故下文仍举经之本字。变化字已易，故下文辄举所易之字。注经必兼兹二者，故有'读如'，有'读为'。字书不言变化，故有'读如'，无'读为'。有言'读如某''读为某'而仍本字者，'如'以别音，'为'以别义。'当为'者，为字之误，声之误而改其字也，为救正之词。形近而讹，为字之误；声近而讹，为声之误。字误声误而正之，谓之'当为'。凡言'读为'者，不以为误。言'当为'者，斥其误。三者分而汉注可读，而经可读。三者皆以音为用，六书之形声假借转注，于是焉在！"是则《周礼》汉读三例，实自玉裁发之，其言固不廑为礼经发，而《周礼》写自古文，《仪礼》称尤难读，礼文不先为考定，礼制且无从置议！因先成《周礼汉读考》六卷，而"读如""读为""当为"之诸例，俱在焉。其《仪礼》则仅成《士冠礼》一卷而已！亦不如《周礼》之完密也。夫《周礼》一书，根据郑注，考其读例者，莫如段玉裁之《汉读考》。而融贯经文，明其制度者，当推庄存与之《周官记》，开通群经，融会参证，于体国经野、分土任民之法，言之尤详。其书不循文注笺，而提要钩玄，自成一书，匪经文之舆儓，实古礼之别记也！至《仪礼》之所以难读者，朱子云："祇为重复，伦类若通，则其先后彼此展转参照，足以互相发明。"诚哉是言！然通伦类，宜起凡例。郑注、贾疏，咸重发凡而有未逮！凌廷堪《礼经释例》，融贯全经，凡通例四十，饮食之例五十有六，宾客之例十有八，射例二十，变例二十有一，祭例三十，器服之例四十，杂例二十有一，宏纲细目，经纬具在。信足匡郑、贾所未逮，而为礼经之功臣！然而不别立宫室之例者，盖以为宋李如圭《仪礼释宫》已详故也。惟是读《仪礼》者，必明宫室而后陈设进退知所措。宋杨复《仪礼图》无宫室，论者以为未得要领，凌《例》将无同讥？独张惠言仿杨复取《仪礼》十七篇，篇为之图，而首冠以宫室之图，总絜纲领，以补杨复之所未有，可谓知所先务也！自凌廷堪撰《礼经释例》，而后详略隆衰，《仪礼》之节文明；张惠言制《仪礼图》，而后陈设进退，《仪礼》之器数明。至胡培翚覃精《仪礼》，谓郑注而后，贾疏独行，或解经而违经旨，或申注而失注意；参稽众说，别造《正义》。自述所造，其例有四：曰"补注"，补郑玄注所未备也；曰"申注"，申郑玄注义也；曰"附注"，近儒所说，虽异玄旨，义可旁通，附而存之，广异闻，佉专己也；曰"订注"，郑玄注义，偶有违失，详为辨正，别是非，明折衷也。虽乖唐贤"疏不破注"之例，要之无所依违，期于大通，斯足以破经生拘墟之见，而佉曲学专己之私焉！邵懿辰《礼经通论》，不断断于训诂名物，而考订源流，辨章经记，卓乎礼学之钤键矣！黄以周兼综三种，撰《礼书通故》，列五十目，囊括大典，殚见治闻，与秦蕙田《五礼通考》比隆，其校核异义，或谓过之！盖蕙田《通考》按而不断，而以周则博征古说而断以己意者也！然《通考》之作，"即援引以成断制"，蕙田固明言之矣！宁不能断制哉！乃或者以此损蕙田而扬以周，斯亦未为知言也！孙诒让专攻《周礼》，别造《正义》，大抵以《尔雅》《说文》正其诂训，以《礼经》《大小戴记》证其制度，而博采汉、唐、宋以来，迄于清儒诸家解诂，参互证绎，以发郑注之渊奥，裨贾疏之遗阙，盖郑注极简奥，而贾疏或隐略，又于杜子春、郑兴、郑众三人异义，后郑之所不采者，但有纠驳，略无申证。诒让谓"唐疏例不破注，固无足怪，然六朝义疏则不尽然。郑注精贯群经，固不容破，然杜、郑三君之义，后郑所赞辨者，本互有是非。乾、嘉经儒，考释此经，间与郑异，而于古训古制，宣究详确，或胜注义"。博稽众家，辄据匡纠，凡所发正后郑数十百事。而拘牵后郑义者，往往又仇王肃。诒让壹无适莫，郊社禘袷则从郑，庙制昏期则从王，于郑注不为曲从，亦犹胡培翚《仪礼正义》订注之例也。至其甄采旧疏，明揭贾义，不如胡培翚仪礼之或袭贾释而没不称名，其不攘善之用心，尤有培翚所不逮者焉！独是让清礼学，冠绝前古。正义《仪礼》，前有胡氏；更疏《周官》，别出诒让。更光前人，有功礼学。独《礼记》则无之！不惟三礼新疏，缺一不备。昔闻元和江声艮庭之殁，诏其子以告友人阳湖孙星衍渊如曰："吾父死无他言，疑《周官仪礼》之委曲繁重，不可行于今也。"星衍则赓之曰："礼意之会通在《礼记》，不曰'君子行礼，不求变俗'，又曰'礼从宜，使从俗'乎？居丧衣衰麻，不食肉饮酒，而公门则脱齐衰，大夫父友食之，则饮酒食肉，惜不能以此告之矣。"旨哉！然则管礼学之枢要者，《礼记》也。倘籀礼义，必明《礼记》。惜无人更为之疏以有光于前人者！至皮锡瑞《三礼通论》，大抵本邵懿辰之《礼学通论》，而博采众说以为敷佐，别白今古，论证沿革，俾学者有从入之途，而无多歧之患，斯实读礼之指南，治学之入门也。惟是学者并称三礼，罕及《大戴》，然考《大戴》所记，《夏小正》为夏时，《书·禹贡》惟言地理，兹则言天象，与《尧典》合；《公冠》《诸侯》《迁庙》《衅庙》《朝事》等篇，足补《仪礼》十七篇之遗；《盛德》《明堂》之制，为《考工记》所未备；《投壶》仪节，较《小戴》为详；《哀公问》字句，较《小戴》为确，然则《大戴》不可废也。顾北周卢辨之注，既未精备，而更数千年，无缵业者，章句混淆，古字更舛。迨清儒休宁戴震东原、余姚卢文弨抱经相继校订，蹊径渐辟。曲阜孔广森㧑约乃博稽群书，参会众说，为《大戴礼记补注》十三卷、《叙录》一卷，然臆改记文，有识或病！南城王聘珍贞吾重为《解诂》，凡十三卷，《叙录》一卷。其校记文也，专守古本为家法，所以惩孔广森妄据他书径改记文之失！其为解诂也，义精语洁，确守汉法，多所发明，无隐滞之义，无虚造之文，实有胜于孔广森之补注者焉。斯亦礼经之别子也！谨以殿于篇末。纂《三礼志》第五。

《春秋志》第六

古之王者，世有史官，君举必书，左史记言，右史记事，事为《春秋》，言为《尚书》。而史之所记，必表年以首事，年有四时，故错举以为所记之名，题曰《春秋》也。周室既微，孔子明王道，壹为鲁司寇秉政，诸侯害之，大夫壅之。孔子知言之不用，道之不行也，于是去鲁，斥乎齐，逐乎宋、卫，困于陈、蔡之间，已而反鲁。鲁哀公十四年春，西狩于大野，叔孙氏车子钼商获兽，以为不祥，孔子曰："麟也。"麟者，仁兽也，有王者则至，无王者则不至。有以告者曰："有麕而角者。"孔子曰："孰为来哉，孰为来哉？"反袂拭面，涕沾袍。颜渊死，子曰："噫！天丧予！"子路死，子曰："噫！天祝予！"及西狩获麟，孔子曰："吾道穷矣！弗乎弗乎！君子疾没世而名不称焉！吾道不行矣！吾何以自见于后世哉！我欲载诸空言，不如见诸行事之深切著明也。"故西观周室，论史记旧闻，得百二十国宝书，以鲁周公之国，礼文备物，史官有法，故托于鲁而次《春秋》，据行事，仍人道，因兴以立功，败以成罚，假日月以定历数，借朝聘以正礼乐，上记隐，下至哀之获麟，十二公，据鲁，亲周，故宋，运之三代，约其文辞而指博，上明三王之道，下辨人事之纪，别嫌疑，明是非，定犹豫，善善，恶恶，贤贤，贱不肖，存亡国，继绝世，补弊起废，王道之大者也。其事则齐桓、晋文，其文则史。孔子曰："其义则丘窃取之矣。后世知丘者以《春秋》，而罪丘者亦以《春秋》！"王道备，人事浃！七十子之徒，口受其传指，为有所刺讥褒讳挹损，大人当世君臣，有威权势力，不可以书见也。鲁君子左丘明惧弟子人人异端，各安其意，失其真，故论本事而作传，明孔子不以空言说经也。或先经以始事，或后经以终义，或依经以辩理，或错经以合异，具论其语，成《春秋左氏传》，以授曾申。申传魏人吴起。起传其子期。期传楚人铎椒，为楚威王傅，为王不能尽观《春秋》，采取成败，卒四十章，为《铎氏微》，又作《钞撮》八卷，授赵人虞卿。虞卿作《虞氏微传》二篇，《抄撮》九卷，授同郡荀卿，则左丘明之六传弟子也。自是传《春秋》者分为二义：有记载之传，主于记事，《春秋》之《左氏传》是也；有训诂之传，主于释经，《公羊》《穀梁》、邹、夹之传是也。邹氏无师，夹氏有录无书。而《公羊》《穀梁》之传，皆自卜商。卜商，字子夏，少孔子四十四岁。孔子曰："吾志在《春秋》，行在《孝经》。《春秋》属之商，《孝经》属之参也。"齐人公羊高者，尝受《春秋》于商，以传其子平。而平传子地。地传子敢。敢传子寿。至汉景帝时，寿乃与齐人胡母子都著于竹帛，《汉书·艺文志》著录《公羊传》十一卷者是也。大指明于解经，疏于征事。文十二年，秦伯使遂来聘传云："贤缪公也。"此误以康公为缪公。而襄二年传云："齐姜与缪姜，则未知其为宣夫人欤？成夫人欤？"昭二十年曹伯庐卒于师传云："未知公子喜时从欤？公子负刍从欤？"则当事人且不知矣！事之荒略何论焉。盖《公羊传》之不传事，与左丘明之传事不传义者殊指也。至传引“子沈子曰”“子司马子曰”“子女子曰”“子北宫子曰”，又有“高子曰”“鲁子曰”，盖皆《春秋》传经之师。而寿及胡母子都博采其义以为附益，是传义亦不尽出公羊子也。《穀梁传》者，始于鲁人穀梁赤，亦云自子夏，与《公羊传》同。惟公羊高亲受指子夏，而穀梁赤秦孝公同时人，乃后代传闻，以授荀卿。荀卿亦传《左氏》，而授《穀梁传》于齐人浮邱伯，以传鲁申公，亦系口说，未知谁著竹帛？而题《穀梁传》者，盖著师传之始穀梁，《汉书·艺文志》著录《穀梁传》十一卷者是也。其传指在解经，与《公羊》同。其传文每往复诘难以尽其义，亦与《公羊》同。然传义则有与《公羊》同者，亦有与《公羊》异者；而与《公羊》异者，或并存其义，或直斥其非。庄二年，公子庆父帅师伐于余丘。《公羊》云：“邾娄之邑也。曷为不系乎邾娄？”“国之也。”“曷为国之？”“君存焉尔。”而《穀梁》则云“公子贵矣！师重矣！而敌人之邑，公子病矣！其一曰‘君在而重之也’”，“其一曰‘君在而重’”之说，即兼存《公羊》“曷为国之”“君存焉尔”之义也。文十二年，子叔姬卒。《公羊》云：“‘此未适人，何以卒？’‘许嫁矣。’”而《穀梁》则云：“其曰‘子叔姬’，贵也，公之母姊妹也！其一传曰：‘许嫁以卒之也。’”此所谓其一传，明是《公羊传》矣。此并存其义者也。宣十五年，初税亩，冬蝝生。《穀梁》云：“蝝，非灾也。其曰‘蝝’，非税亩之灾也。”此《穀梁》非《公羊》之说也。《公羊》以为宣公税亩，应是而有天灾，《穀梁》以为不然，故曰“非灾也”“非税亩之灾也”。此直斥其非者也。此《穀梁》义之与《公羊》异者也。与《公羊》同者，《隐公》不书即位，《公羊》云“成公意”，《穀梁》云“成公志”。郑伯克段于鄢，皆云“杀之”。如此者不可枚举矣。盖《穀梁》晚出，因得监省《公羊》之违畔，而或取，或不取，或非之，或兼存之；与《公羊》传，义有同有不同也。《公羊》《穀梁》皆解正《春秋》，《春秋》所无者，《公》《穀》未尝言之。而左氏叙事见本末，则有《春秋》所无而左氏为之传者焉，有《春秋》所有而左氏不为传者焉。故汉博士谓“左氏不传《春秋》”，而推本《公》《穀》以为真孔子之意也。然秦火之后，汉初惟《左氏传》最先出。孝惠之世，北平侯张苍献《春秋左氏传》，盖受学于荀卿者也。然则汉之献书，张苍最先，而汉之得书，首《春秋左氏传》。以先著竹帛，多古字古言，谓之古学。而《公羊》汉时乃兴，传以今文，谓之今学。胡母生子都以治《公羊春秋》为景帝博士，与广川董仲舒同业，仲舒著书称其德，年老，归教于齐。齐之言《春秋》者宗事之。菑川公孙弘年四十余，乃学《春秋》杂说，亦颇受胡母生之说焉。而董仲舒少治《春秋》，与胡母生俱为博士，下帷讲诵，弟子传以久次相授业，或莫见其面，盖三年不窥园，其精如此。进退容止，非礼不行，学士皆师尊之！武帝即位，举贤良文学之士，前后百数。而仲舒以贤良对策，大致案《春秋》之文，求王道之端，以观天人相与之际，而得之于正。谓："正次王。王次春。春者，天之所为也。正者，王之所为也。其意曰：'上承天之所为，而下以正其所为，正王道之端云尔。'谨案春秋谓一元之意。一者，万物之所从始也；元者，辞之所谓大也。谓一为元者，视大始而欲正本也。《春秋》深探其本，而反自贵者始。故为人君者，正心以正朝廷，正朝廷以正百官，正百官以正万民，正万民以正四方。四方正，远近莫敢不壹于正。孔子作《春秋》，先正王而系万事，见素王之文焉。上揆诸天道，下质诸人情，参之于古，考之于今。故《春秋》之所讥，灾害之所加也；《春秋》之所恶，怪异之所施也。书邦家之过，兼灾异之变，以此见人之所为，其美恶之极，乃与天地流通而往来相应，此亦言天之一端也。《春秋》大一统者，天地之常经，古今之通义也。今师异道，人异论，百家殊方，指意不同，是以上亡以持一统，法制数变，下不知所守。诸不在六艺之科，孔子之术者，皆绝其道，勿使并进。邪辟之说灭息，然后统纪可一而法度可明！”自汉治杂黄老、刑名，而武帝更推明孔氏，抑黜百家，立学校之官，其议胥自仲舒发之！公孙弘治《春秋》不如仲舒，而弘希世用事，位至丞相，封平津侯。仲舒以弘为从谀，而官不过二千石，相江都、胶西两国，辄事骄王，正身以率下，数上疏谏争，教令国中，所居而治，及去位归居，终不问家产业，以修学著书为事。仲舒在家，朝廷如有大议，使使者及廷尉张汤就其家而问之，其对皆以公羊家法，而有《公羊董仲舒治狱》十六篇著《汉书·艺文志》，《春秋决事》十卷见《隋书·经籍志》，此仲舒以《公羊》断狱也。仲舒尤喜以《公羊》明阴阳灾异，所著皆明经术之意，及上疏条教，凡百二十三篇，而说春秋事得失，《闻举》《玉杯》《蕃露》《清明》《竹林》之属，复数十篇，十余万言，后世结集其篇，曰《春秋繁露》。繁一作蕃，解之者曰：“繁露，冕之所垂，有联贯之象。《春秋》比事属辞，立名或取诸此也。”其书十七卷，发挥《春秋》之旨，多主《公羊》，而后世《公羊》家所称“存三统”“张三世”“异外内”三科九旨，一切非常异义可怪之论，罔不导自《春秋繁露》。何谓存三统？曰：“《春秋》应天，作新王之事，时正黑统。王鲁，尚黑，绌夏，新周，故宋。以春秋当新王。‘春秋当新王者奈何？’曰：‘王者之法。必正号，绌王谓之帝，封其后以小国，使奉祀之。下存二王之后以大国，使服其服，行其礼乐，称客而朝。故同时称帝者五，称王者三，所以昭五端，通三统也。是故周人之王，尚推神农为九皇，而改号轩辕谓之黄帝，因存帝颛顼、帝喾、帝尧之帝号，绌虞而号舜曰帝舜，录五帝以小国。下存禹之后于杞，存汤之后于宋，以方百里，爵号公，皆使服其服，行其礼乐，称先王客而朝。《春秋》作新王之事，变周之制，当正黑统。而殷、周为王者之后，绌夏改号禹谓之帝禹，录其后以小国。’故曰‘绌夏，存周，以春秋当新王’。”此著于《三代改制质文篇》者也。何谓张三世？曰：“春秋分十二世以为三等：有见，有闻，有传闻。有见三世，有闻四世，有传闻五世。故哀、定、昭，君子之所见也。襄、成、文、宣，君子之所闻。僖、闵、庄、桓、隐，君子之所传闻也。所见六十一年，所闻八十五年，所传闻九十六年。”此著于《楚庄王篇》者也。何谓异外内？曰：“内其国而外诸夏，内诸夏而外夷狄。”此著于《王道篇》者也。虽无三科、九旨之目，而后之言三科、九旨者本焉。弟子遂者，兰陵褚大，东平嬴公，广川段仲温、吕步舒。大至梁相。步舒丞相长史。惟嬴公守学不失师法，为昭帝谏大夫，授东海孟卿、鲁眭孟。孟，名弘，以字行，少时好侠，斗鸡走马，长乃变节，从嬴公受《春秋》，以明经为议郎，至符节令。孝昭元凤三年正月，泰山有大石自起立，昌邑有枯社木卧复生，上林有柳树枯僵自起生，有虫食柳叶成文字，曰“公孙病已立”。孟推《春秋》之意，以为“石、柳皆阴类，下民之象。泰山者，岱宗之岳，王者易姓告代之处。今大石自立，僵柳复起，非人力所为，此当有从匹夫为天子者。枯社木复生，故废之家公孙氏当复兴者也”。孟意亦不知其所在，即说曰："先师董仲舒有言：'虽有继体守文之君，不害圣人之受命。'汉家尧后，有传国之运。汉帝宜谁差天下，求索贤人，禮以帝位，而退自封百里，如殷、周二王后，以承顺天命。"书上，廷尉奏孟祆言惑众，伏诛。后五年，皇曾孙病已兴于民间，即位为孝宣帝，其言乃验。征孟子为郎。孟弟子百余人，惟东海严彭祖、鲁颜安乐为明，质问疑谊，各持所见。孟曰："《春秋》之意，在二子矣！"孟死，彭祖、安乐各颛门教授，由是《公羊春秋》有颜、严之学。彭祖，字公子，为宣帝博士，至太子太傅，著有《春秋公羊传》十二卷，见《隋书·经籍志》。然廉直不事权贵。或说曰："君亡左右贵人之助，经谊虽高，不至宰相，愿少自抑。"彭祖曰："凡通经术，固当修行先王之道，何可委曲从俗，苟求富贵乎？"竟以太傅官终。授琅邪王中，为元帝少府，家世传业。中授同郡公孙文、东门云。云为荆州刺史，文东平太傅。徒众尤盛。颜安乐，字公孙，本眭孟姊子，与严彭祖并推孟高第弟子。家贫，为学精力，有《公羊颜氏记》十一篇，见《汉书·艺文志》；官至齐郡太守丞，授淮阳泠丰次君、淄川任公。公为少府，丰淄川太守。由是颜家有泠、任之学。始琅邪贡禹少翁事嬴公，成于眭孟，至御史大夫。兰陵疏广仲翁事孟卿，至太子太傅。而广授琅邪管路，路为御史中丞。禹授颍川堂谿惠，惠授泰山冥都，都为丞相史。都与路又事颜安乐。故颜氏复有管、冥之学。路授颍川孙宝子严，为大司农。丰授东海马宫游卿、琅邪左咸，宫至太师大司徒，而咸为郡守九卿，徒众尤盛。推而《公羊春秋》之盛，自董仲舒。武帝时，瑕丘江公之言《穀梁春秋》，与董仲舒并。仲舒通五经，能持论，善属文，而江公之先受《穀梁春秋》及《诗》于鲁申公，传子至孙为博士，然呐于口，上使与仲舒议，不如仲舒。而丞相公孙弘本为《公羊》学，比辑其议，于是上因尊《公羊》家，诏太子受《公羊春秋》，由是《公羊》大兴！太子既通，复私问《穀梁》而善之。其后寖微，惟鲁荣广王孙、皓星公二人受焉。广尽能传其《诗》《春秋》，高才捷敏，与《公羊》大师眭孟等论，数困之；故好学者颇复受《穀梁》。沛蔡千秋少君、梁周庆幼君、丁姓子孙皆从广受。千秋又事皓星公，为学最笃。宣帝即位，闻卫太子好《穀梁春秋》，以问丞相韦贤、长信少府夏侯胜及侍中乐陵侯史高，皆鲁人也，言："穀梁子本鲁学，公羊氏乃齐学也，宜兴《穀梁》。"时千秋为郎，召见，与《公羊》家并说。上善《穀梁》说，擢千秋为谏大夫、给事中。后有过，左迁平陵令。复求能为《穀梁》者，莫及千秋！上愍其学且绝，乃以千秋为郎中户将，选郎十人从受。汝南尹更始翁君本自事千秋！能说矣！会千秋病死，征江公孙为博士。刘向以故谏大夫通达待诏，受《穀梁》，欲令助之。江博士复死，乃征周庆、丁姓待诏保宫，使卒授十人。自元康中始讲，至甘露元年，积十余岁，皆明习。乃召五经名儒太子太傅萧望之等大议殿中，平《公羊》《穀梁》同异，各以经处是非。时《公羊》博士严彭祖、侍郎申挽、伊推、宋显，《穀梁》议郎尹更始、待诏刘向、周庆、丁姓并论。《公羊》家多不见从，愿请内侍郎许广，使者亦并内《穀梁》家中郎王亥，各五人，议三十余事。望之等十一人各以经谊对，多从《穀梁》，由是《穀梁》之学大盛。庆、姓皆为博士。姓至中山太傅，授楚申章昌曼君，为博士，至长沙太傅，徒众尤盛。尹更始为谏大夫、长乐户将，撰《春秋穀梁传》十五卷，见《隋书·经籍志》，又受《左氏传》，取其变理合者以为章句，传子咸及汝南翟方进、琅邪房凤。凤，字子元，哀帝时，累擢光禄大夫，五官中郎将。时光禄勋王龚以外属内卿，与奉车都尉刘歆共校书，三人皆侍中。歆白《左氏春秋》可立。哀帝纳之，以问诸儒。皆谓“左氏为不传《春秋》”，不肯对。歆于是数见丞相孔光，为言左氏以求助。光卒不肯。惟凤、龚许歆，遂共移书责让太常博士。大司空师丹奏歆非毁先帝所立。三人皆出外补吏，而凤补九江太守，至青州牧。始胡常事江博士。江博士死，乃与凤俱事尹更始，授梁萧秉君房，王莽时为讲学大夫，由是《榖梁春秋》有尹、胡、申章、房氏之学。翟方进虽受《榖梁》于尹更始，然好《左氏传》，其《左氏》则刘歆师也。左氏之学，自北平侯张苍。苍于秦时为御史，历秦，至汉文帝时为丞相，传洛阳贾谊。谊为《左氏传训故》，授赵人贯公，为河间献王博士。子长卿为荡阴令，授清河张禹长子。禹与萧望之同时为御史，数为望之言《左氏》。望之善之，上书数以称说。后望之为太子太傅，荐禹于宣帝，征待诏，未及问，会疾死，授尹更始。更始传子咸及翟方进、胡常。常授黎阳贾护季君，哀帝时，待诏为郎，授苍梧陈钦子佚，以《左氏》授王莽，至将军。而刘歆从尹咸、翟方进受。始歆嗣其父向领校中五经秘书，见古文《春秋左氏传》，大好之。时丞相翟方进，而尹咸为丞相史，以能治《左氏》，与歆校经传。歆略从咸及翟方进受，质问大义。初《左氏传》多古字古言，学者传训故而已！及歆治《左氏》，以为：“左丘明好恶与圣人同，亲见夫子，而《公羊》《榖梁》在七十子后，传闻之与亲见之，其详略不同。”引传文以解经，转相发明，由是章句义理备焉！歆父子俱好古，博见强志，呻吟《左氏》，下至婢仆，皆能讽诵，由是言《春秋左氏传》者，本之刘歆。初《春秋》惟有《公羊》博士而已。至孝宣世，复立《榖梁》博士。哀帝时，歆既以欲建立《左氏春秋》黜外，会哀帝崩，王莽持政，而歆亲近用事，卒立《左氏》！《左氏》自荀卿至尹更始父子、胡常、翟方进辈，皆以名家，而亦兼治《穀梁》，非《公羊》齐学绝不相通者比也！既，世祖中兴，立五经博士，《春秋》严、颜而已，皆《公羊》家也。而《穀梁》《左氏》不与。终东汉之世，而治《穀梁》有闻者，仅河南侯霸君房、扶风贾逵景伯而已。霸于前汉哀帝时，事九江太守房凤，治《穀梁》，为都讲。逵名辈差晚，然于五家，《穀梁》为兼通，而实受其父徽《左氏春秋》，为古学者也。《左氏》虽终不得立学官，然与《公羊》代兴。《公羊》严、颜并立，严氏为盛。而治颜氏有闻者，终东汉之世，仅河内张玄君夏、豫章唐檀子产而已！然玄兼通数家，特以颜氏为宗。世祖时，举明经，补弘农文学，迁陈仓县丞。清净无欲，专心经书，方其讲问，乃不食终日。及有难者，辄为张数家之说，令择从所安。诸儒皆伏其多通。举孝廉，除为郎。会颜氏博士缺，玄试策第一，拜为博士。居数月，诸生上言："玄兼说严氏，不宜专为颜氏博士！"乃罢。则兼说严氏者也。严氏学知名者，则有长沙太守汝南郅郓君章、琅邪太守河内李章第公、少府山阳丁恭子然、太常北海周泽稚都、太常陈留楼望次子、侍中琅邪承宫少子、长水校尉南阳樊儵长鱼、左中郎将汝南钟兴次文、太子少傅北海甄宇长文、海西令豫章陈曾秀文、侍中蜀郡张霸伯骁、霸子长陵令楷公超、颍川太守会稽顾奉。其间丁恭最为老师，诸生自远方至者，著录数千人。太常楼望、侍中承宫、左中郎将钟兴、长水校尉樊儵，皆受业于恭。而儵删定《公羊严氏章句》，世号樊侯学，教授门徒前后三千余人。其尤知名者张霸，以儵删犹多繁辞，乃减定为二十万言，更名张氏学。诸生孙林、段著、刘固等慕之，各市宅所居之旁以就学焉。此治《严氏春秋》者也。有治《公羊春秋》而不名严、颜何家者，则侍中扶风李育元春、博士羊弼、辽东属国都尉北海公沙穆文义、谏议大夫任城何休邵公，而何休最著。休为人质扑讷口，而雅有心思，从羊弼学。覃思不窥门十有七年，撰成《春秋公羊解诂》十一卷，题曰“何休学”。有不解者。或答曰：“休谦辞受学于师，乃宣此义，不出于己也。”大指以为“传《春秋》者非一，本据乱而作，其中多非常异义可怪之论，而贯以五始、三科、九旨、七等、六辅、二类之义。”五始者，元年、春、王、正月、公即位也。即位者，一国之始。政莫大于正始，故春秋以元之气，正天之端；以天之端，正王之政；以王之政，正诸侯之即位；以诸侯之即位，正竟内之治。诸侯不上奉王之政，则不得即位，故先言正月而后言即位。政不由王出，则不得为政，故先言王而后言正月也。王者不承天以制号令，则无法，故先言春而后言王。天不深正其元，则不能成其化，故先言元而后言春。五者同日并见，相须成体，乃天人之大本，万物之所系，不可不察也。三科、九旨者，新周，故宋，以《春秋》当新王，此一科三旨也。所见异辞，所闻异辞，所传闻异辞，二科六旨也。内其国，外诸侯，内诸侯而外夷狄，是三科九旨也。七等者，州、国、氏、人、名、字、子。州不若国，故言荆不如言楚。国不若氏，故言楚不如言潞氏、甲氏。氏不若人，故言潞氏、甲氏不如言楚人。人不若名，故言楚人不如言介葛卢。名不若氏，故言介葛卢不如言邾娄仪父。字不若子，故言邾娄仪父，不如言楚子、吴子。《春秋》设此七等，以进退当时之诸侯。诸侯用夷礼则夷之，进于中国则中国之也。六辅者，公辅天子，卿辅公，大夫辅卿，士辅大夫，京师辅君，诸夏辅京师也。二类者，人事与灾异也。此之谓五始、三科、九旨、七等、六辅、二类。而三科、九旨之于七等，表里为用，义最闳大。故曰："于所传闻之世，见治起于衰乱之中，用心尚粗觕，故内其国而外诸夏，先详内而后治外。于所闻之世，见治升平，内诸夏而外夷狄。至所见之世，著治太平，夷狄进至于爵，天下远近小大若一。"盖攘夷狄者，所闻世之治也。若所见世，著治太平。哀四年，"晋侯执戎曼子赤归于楚"。十三年，"公会晋侯及吴子于黄池"。夷狄进至于爵，与诸夏同，无外内之异矣！外内无异，则不必攘。远近小大若一，且不忍攘！《春秋》心同天地，以天下为一家，中国为一人，必无因其种族不同而有歧视之意，而升平世不能不外夷狄者，其时世治尚未进于太平，夷狄亦未进于中国，引而内之，恐为诸夏患；故夫子称齐桓、管仲之功，有披发左衽之惧，以其救中国，攘夷狄，而特笔褒予之，为夷狄之未进于中国也。虽然，特为升平之世言之耳，匪太平之治也。言岂一端而已，夫各有所当也。拨乱之世，内其国而外诸夏。诸夏非可攘者，而亦必异外内；斯则隘狭之国家主义，而言治之始尔，匪《春秋》之隆治矣！故董仲舒明言"自近者始"，"王化自近及远"。由其国而诸夏，而夷狄，以渐进于天下，远近小大若一，其义即本诸董仲舒也。宁惟三科九旨而已。董仲舒《春秋繁露·重政篇》云："《春秋》变一谓之元。"何休之说隐元年以焉。《繁露·二端篇》云："以元之深，正天之端；以天之端，正王之政。"何休之明五始以焉。《繁露·玉杯篇》有"先质后文"之语，而何休遂谓"《春秋》变周之文，从殷之质"。如此之类，难以仆数，是则休之解诂，胥出董仲舒之指矣！休又以《春秋》驳汉事六百余条，成《春秋汉议》十三卷，妙得公羊本意。初李育习《公羊春秋》，颇涉猎古学，尝读《左氏传》，虽乐文采，然谓不得圣人深意，以为前世陈元、范升之徒更相非折，而多引图谶，不据理体；于是作《难左氏义》四十一事。至是，休与其师博士羊弼追述李育意以难二传，作《春秋公羊墨守》十四卷，《春秋左氏膏肓》十卷，《春秋穀梁废疾》三卷。然休之解诂《公羊》，亦有用《左氏》《穀梁》传者，傥休膏肓《左氏》，废疾《穀梁》，而义之所长，亦有不能不兼采并存者乎？考汉今古文家相攻击，始于《左氏》《公羊》，而今古文家相攻若仇，亦惟《左氏》《公羊》为甚！施、孟、梁邱、京《易》之于费氏《易》，欧阳、大小夏侯《尚书》之于古文《尚书》，齐、鲁、韩《诗》之于毛《诗》，虽不并立，然未如《公羊》家之抨难《左氏》也。东汉之初，《左氏》虽不立博士，然为当世贵重。执金吾封雍奴侯上谷寇恂子翼，征西太将军封阳夏侯颍川冯异公孙，皆以名将学《左氏春秋》，然未名家！扶风孔奋君鱼少从刘歆受《春秋左氏传》，歆称之，谓门人曰："吾已从君鱼受道矣。"世祖即位，拜为武都太守。奋以弟奇经明当仕，上病去官。奇博通经典，作《春秋左氏删》。而奋晚有子嘉，官至城门校尉，作《左氏说》。然父子兄弟以为家学，而未大显于世。河南郑兴少赣少学《公羊春秋》而好古学，于王莽时，将门人从刘歆讲正《左氏》大义。歆美兴才，使撰条例、章句、训诂，而传业子众，字仲师，作《春秋难记条例》《春秋删》。世言《左氏》者多祖兴父子，而贾逵自传其父徽之业，由是《左氏》有郑、贾之学。贾徽亦从刘歆受《左氏春秋》，作《左氏条例》二十一篇。而苍梧陈钦习《左氏春秋》，事黎阳贾护，与刘歆同时而别自名家；子元字长孙，少传父业，为之训诂，锐精覃思，至不与乡里通，世祖时与郑兴俱为学者宗！时尚书令韩歆上疏，欲为《左氏》立博士。博士范升谓“《左氏》学无有本师，而多违异”，与歆争，具奏《左氏》之失凡十四事。时难者以太史公多引《左氏》。升又上太史公违戾五经，谬孔子言，及《左氏春秋》不可录三十一事。元闻之，诣阙上疏曰：“《左氏》孤学少与，遂为异家之所覆冒。臣元窃见博士范升等所议奏《左氏春秋》不可立，及太史公违戾凡四十五事。案升等所言，前后相违，皆断截小文，媟黩微辞，以年数小差，掇为巨谬，遗脱纖微，指为大尤，指瑕擿衅，掩其弘美，所谓‘小辨破言，小言破道’者也。臣元愚鄙，尝传师言。如得以褐衣召见，俯伏庭下，诵孔子之正道，理丘明之宿冤。若辞不合经，事不稽古，退就重诛。虽死之日，生之年也。”书奏，下其议。范升复与元相辨难，凡十余上，卒未得其要领，异日李育所谓“陈元、范升更相非折，而多引图谶，不据理体”者也！然而帝卒立《左氏》学。太常选博士四人，元为第一。帝以元新忿争，乃用其次司隶从事魏郡李封，于是诸儒以《左氏》之立，论议欢哗。自公卿以下，数廷争之。会封病卒，世祖重违众议，而因不复补。然世儒言《左氏》者不绝，特为人主所重。扶风贾逵悉传父业，弱冠能诵《左氏传》及五经本文，尤明《左氏传》《国语》，为之解诂五十一篇，永平中，上疏献之。显宗重其书，写藏秘馆。肃宗立，降意儒术，特好古文《尚书》《左氏传》。诏逵入讲北宫白虎观、南宫云台。帝善逵说，使出《左氏传》大义长于二传者。逵于是具条，撰成《春秋左氏长义》二十卷，奏之，曰：“臣谨摘出《左氏》三十事尤著明者，斯皆君臣之正义，父子之纪纲。其余同《公羊》者十有七八，或文简小异，无害大体。至如祭仲、纪季、伍子胥、叔术之属，《左氏》义深于君父，《公羊》多任于权变，其相殊绝，固已甚远，而冤抑积久，莫肯分明。臣以永平中上言《左氏》与图谶合者，先帝不遗刍荛，省纳臣言，写其传诂，藏之秘书。建平中，侍中刘歆欲立《左氏》，不先暴论大义，而轻移太常，恃其义长，诋挫诸儒，诸儒内怀不服，相与排之。从是攻击《左氏》，遂为重仇！至光武皇帝，奋独见之明，兴立《左氏》《穀梁》，会二家先师不晓图谶，故令中道而废。凡所以存先王之道者，要在安上理民也。今《左氏》崇君父，卑臣子，强干弱枝，劝善戒恶，至明至切，至直至顺。且三代异物、损益随时，故先帝博观异家，各有所采。《易》有施、孟，复立梁丘；《尚书》欧阳，复有大小夏侯。今三传之异，亦犹是也。又五经家皆无以证图谶明刘氏为尧后者，而《左氏》独有明文。五经家皆言颛顼代黄帝，而尧不得为火德。《左氏》以为少昊代黄帝，即图谶所谓帝宣也。如令尧不得为火，则汉不得为赤。其所发明，补益实多！”书奏，帝嘉之，赐布五百匹，衣一袭，令逵自选《公羊》严、颜诸生高才者二十人，教以《左氏》，与简纸经传各一通。然逵之所为称引《左氏》义长者，特迂怪可笑，附托图谶，献媚世主以行其学耳。论者以为匪其本也！然《左氏》由是行于世！八年，乃诏诸儒各选高才受《左氏》《穀梁春秋》，皆拜逵所选弟子及门生为千乘王国郎，朝夕受业黄门署，学者皆欣欣羡慕焉！扶风马融季长尝欲训《左氏春秋》，既见逵及郑众所注，乃曰："贾君精而不博，郑君博而不精，既精既博，吾何加焉！”但著《三传异同说》。北海郑玄康成始事京兆第五元先，通《公羊春秋》，既因涿郡卢植子幹事马融，遂明《左氏》，乃发《公羊墨守》，针《左氏膏肓》，起《穀梁废疾》，以致难于何休。又以休有《春秋汉议》，作书二卷驳之，《隋书·经籍志》所著《驳何氏汉议》者是也。休见叹曰："康成入吾室，操吾矛，以伐我乎？"初中兴之后，范升、陈元、李育、贾逵之徒，争论古今学。及玄答何休，义据通深，由是古学遂明，《公羊》微而《左氏》兴。玄作《左氏传注》，未成，以与河南服虔子慎，作《春秋左氏传解谊》三十一卷，亦以《左传》驳何休之所驳汉事六十条，成《春秋汉议驳》二卷；又以何休重难《左氏》，撰《春秋左氏膏肓释痾》十卷、《春秋成长说》九卷、《春秋塞难》三卷，斯亦针起何疾，申明左指者也。然《左传》犹未置博士。会灵帝立太学《石经》，卢植乃上书请置博士，为立学官，谓"与《春秋》共相表里"也。陈国颍容子严者，博学多通，善《春秋左氏》，师事太尉杨赐。于献帝初，避乱荆州，聚徒千余人。刘表以为武陵太守，不肯起，著《春秋左氏条例》五万余言。而同时南阳谢该文仪亦以明《春秋左氏》为世名儒，门徒数百千人。河东乐详条《左氏》疑滞七十二事以问，该皆为通解之，名为《谢氏释》，行于世。斯则东京《左》学之后劲也已。汉祚既衰，鼎分三国。言《春秋》者，魏有司徒东海王朗景兴，撰《春秋左氏传》十二卷。而朗子太常肃字子雍，能传父学，撰《春秋左氏传》三十卷，《春秋外传章句》一卷，注二十二卷。大司农弘农董遇季直撰《春秋左氏传章句》三十卷，乐平太守糜信撰《春秋说要》十卷、《春秋穀梁传注》十二卷、《理何氏汉议》二卷。中散大夫谯郡嵇康撰《春秋左氏传音》三卷，大长秋韩益撰《春秋三传论》十卷。而高贵乡公以帝子穷经，撰《春秋左氏传音》三卷，斯称儒林之盛事焉。蜀亡传《春秋》者，吴则有骑都尉会稽虞翻仲翔撰《春秋外传国语注》二十一卷，尚书仆射丹阳唐固子正撰《春秋穀梁传注》十三卷、《春秋外传国语注》二十一卷，中书侍郎云阳韦昭宏嗣撰《春秋外传国语注》二十一卷。春秋外传国语者，传云自左丘明，既为春秋传，又稽其逸文，纂其别号，分周、鲁、齐、晋、郑、楚、吴、越八国事，起自周穆王，终于鲁悼公，别为《国语》二十一篇，亦曰《外传》者，《春秋》以鲁为内，以诸国为外，外国所传之事也。其文以方《内传》，或重出而小异。自郑众为之解诂，而汉、魏儒者并申以注释，治其章句，此亦六经之流，三传之亚也！然郑众解诂以下，诸家并亡。独韦昭之注存！自序称兼采郑众、贾逵、虞翻、唐固。今考所引郑说、虞说，寥寥数条，惟贾、唐二家，援据驳正为多，凡所发正六十七事。而三国之言《公羊》者，仅见魏河南尹丞高唐刘寔子真之撰《春秋条例》十一卷，《春秋公羊达义》三卷焉。晋武帝既禅魏祚，遂并吴国，盖镇南大将军京兆杜预元凯之谋为多。预博学多通，立功之后，从容无事，乃耽思经籍，为《春秋左氏经传集解》，分经之年与传之年相附，比其义类，特举刘歆、贾徽父子、许淑、颍容之违以见同异，大指以为："古今言《左氏春秋》者多矣，独刘子骏创通大义。贾景伯父子、许淑卿，皆先儒之美者也！末有颍子严者，虽浅近，亦复名家。其它可见者十数家，大体转相祖述，于丘明之传，有所不通，皆没而不说，而更肤引《公羊》《穀梁》，适足自乱！预今所以为异，专修丘明之传以释经。经之条贯，必出于传。传之义例，总归诸凡。其发凡以言例者五十，其别四十有九，皆经国之常制，周公之垂法，史书之旧章，仲尼从而修之，以成一经之通体。其微显阐幽，裁成义类者，皆据旧例而发义，指行事以正褒贬。诸称'书''不书''先书''故书''不言''不称''书曰'之类，皆所以起新旧，发大义，谓之变例。然亦有史所不书，即以为义者，此盖《春秋》新意，故传不言凡，曲而畅之也。其经无义例，因行事而言，则传直言其归趣而已，非例也。故发传之体有三，而为例之情有五：一曰‘微而显’，文见于此，而起义在彼。称族尊君命，舍族尊夫人，梁亡，城缘陵之类，是也。二曰‘志而晦’，约言示制，推以知例。参会不地，与谋曰及之类，是也。三曰‘婉而成章’，曲从义训以示大顺。诸所讳辟璧，假许田之类，是也。四曰‘尽而不污’，直书其事，具文见意。丹楹刻桷、天王求车、齐侯献捷之类，是也。五曰‘惩恶而劝善’，求名而亡，欲盖而章。书齐豹盗、三叛人名之类，是也。推五体以寻经旨，简二传而去异端，盖丘明之志也。”又别集诸例及地名谱第历数，相与为部，凡四十部十五卷，皆显其异同，从而释之，名曰《释例》。又作《盟会图》《春秋长历》，备成一家之学。比老乃成，自云“有《左传》癖”。然当时论者谓预文义质直，未之重！独秘书监长安挚虞仲洽赏之曰：“左丘明本为《春秋》作传，而《左传》遂自孤行。《释例》本为传设，而所发明，何但《左传》！”盖左氏初行，学者不得其例，故傅会《公羊》以就其说，亦犹佛典初兴，学者多以老、庄皮傅。而预生诸儒后，始专以《左氏》凡例为揭橥，不复杂引二传，此其所以来“左氏忠臣”之称也。然后贤短预，或颇未同！究厥所以，条为三事：盖郑注《周礼》，先引杜、郑；韦注《国语》，明征贾、唐；言必称先，不敢掠美。预乃空举刘、贾、许、颍，而集解中不著其名，溷昔贤于已说，迹近乾没。其失一也。预解不举所出，刘与许、颍之说尽亡，贾、服二家，尚存崖略。预举四家而不及服。其失二也。长于星历地理，而吝于虫鱼鸟兽草木之名，又言地理，好为臆说，未能揆度远近，辄以影附今地。其失三也。且又弃经信传，曲为之说，或直谓是经误。预自云：“有《左传》癖。”若此之类，得不谓之癖欤！预之《集解》，与服虔并立国学，然预书盛行，而服义寖微。上党续咸孝宗师事预，专《春秋左氏》，又有东平刘兆延世者，与预同时，而治《春秋》不主墨守；以《春秋》一经而三家殊涂，乃思三家之异，合而通之。《周礼》有调人之官，作《春秋调人》七万余言，皆论其首尾，使大义无乖，时有不合者，举其长义以通之。又为《春秋左氏解》，名曰《全综》，《公羊》《穀梁》解诂，皆纳经传中，朱书以别。而同时济北氾毓稚春之撰《春秋释疑》，亦合三传为之解注。二人书皆不传，倘预之所谓“肤引《公》《穀》，适足自乱”者乎？既，晋道中替，元帝践阼江左，诏《春秋左氏传》杜氏、服氏博士各一人。其《公羊》《穀梁》省不置。太常荀崧以为不可，乃上疏曰：“丘明书善礼，多膏腴美辞，张本继末，以发明经意，信多奇伟。然公羊高亲受子夏，辞义清隽，断决明审，董仲舒之所善也！穀梁赤师徒相传，其书文清义约，诸所发明，或是左氏、公羊所不载，亦足有所订正。三传虽同曰《春秋》，而发端异趣，此则义则战争之场，辞亦剑戟之锋；于理不可得共博士；宜各置一人。”诏曰：“《穀梁》肤浅，不足置博士！它如奏。”会有兵事，而《公羊》亦不卒立！然终东晋之世，言《公羊》者，仅车骑将车鄢陵庾翼稚恭问、王愆期答之《春秋公羊论》二卷，著《隋书·经籍志》而已！殆绝学矣！言《穀梁》者，则有广陵太守鲁国孔衍舒元之《春秋穀梁传》十四卷，豫章太守范宁武子之《春秋穀梁传集解》十二卷、《春秋穀梁传例》一卷，骁骑将军姑幕徐邈之《春秋穀梁传》十二卷、《春秋穀梁传义》十卷、《答春秋穀梁义》三卷，具著《隋书·经籍志》，罕有见者。独范宁之《集解》，获传于后焉！考宁之《穀梁》，本出家学，其父散骑常侍汪字玄平者，尝率门生故吏兄弟子侄，研讲六籍，次及三传。《左氏》则有服、杜之注，《公羊》则有何、严之训，而释《穀梁传》者虽近十家，皆肤浅末学，不经师匠，辞理典据，既无可观，又引《左氏》《公羊》以解此传，文义违反，斯害也已！于是商略名例，敷陈疑滞，博示诸儒同异之说。至宁撰次诸子，各记姓名，故曰集解。惟《汉书·艺文志》载"《公羊》《穀梁》二家经十一卷，《穀梁传》十一卷"，则经传初亦别编，而宁集解乃分传附经并注之，疑即宁之所合。中"公观鱼于棠""葬桓王""杞伯来逆叔姬之丧""曹伯庐卒于师""天王杀其弟佞夫"五事，皆冠以"传曰"，惟"葬桓王"一事与《左传》合，余皆不知所引何传？疑宁分传附经之时，皆冠以"传曰"，如郑玄、王弼之《易》有"彖曰""象曰"之例；传义未安，多称"未详"；经指不通，直云"不达"。不望文而曲说，不墨守以护传，多闻阙疑，盖慎之也！《晋书》本传称"其义精审，为世所重。既而徐邈复为之注，世亦称之"，是邈注在《集解》之后。今《集解》中乃多引邈注，未详其故？所著《春秋穀梁传例》一卷，今佚；然《集解》中时有"传例曰"，或学者以便研讨，而割裂其文，散附《集解》欤？然何休解诂，专主《公羊》；杜预集解，壹宗《左氏》。虽义有拘阂，必曲为解说，盖家法然也。独范宁兼采三传，不主《穀梁》，开唐啖、赵、陆之先，异汉儒专家之学，盖经学至此一变。虽讥十家《穀梁》之引《左氏》《公羊》，违反文义，而指在择善，多引杜预，此则述左家之义，说穀梁之传，已以讥人，而未自反者焉！杜预之玄孙曰坦，坦弟骥，于宋朝并为青州刺史，传其家业，故齐地多习《左传》杜解。北朝自魏末河北大儒徐遵明子判门下讲服解。平原张买奴，河间马敬德、邢峙，乐城张思伯，渤海刘昼、鲍季详、鲍长暄，并得服氏之精。又有卫凯、陈达、潘叔虔，虽不出徐氏之门，亦为通解。又有姚文安、秦道静，初亦学服氏，后更兼讲杜预所注。其江左儒生俱服膺杜氏。大抵南北所为章句好尚互有不同。河东崔灵恩遍习三传，撰有《左氏经传义》及《条例》、《公羊穀梁文句义》凡一百三十卷，而《左传》先习服解，仕魏，为太常博士，以天监十三年归梁，而服解不为江东所行，乃改说杜义，每文句常申服以难杜，遂著《左氏条义》以明之。时会稽虞僧诞为国子助教，最精杜学，因作《申杜难服》以答灵恩，世并传焉。杜解既行，而为义疏者，则有梁国子博士武康沈文阿国衡、隋太学博士景城刘炫光伯暨苏宽之属。然沈氏长于义理例，疏于经传。苏氏则全不体本文，惟旁攻贾、服。刘炫聪惠辨博，固为罕俦，然意在矜伐，性好非毁，规杜氏之失凡一百七十余事，习杜义而攻杜氏，或者比之蠹生于木而还食其木，非其理也！然视二家差有可观，所为规杜有骋臆失据者，亦有惬心餍理者。既唐太宗御世，国子祭酒孔颖达奉诏撰《春秋左传正义》，壹宗杜解，而疏则损益刘炫而以沈文阿补其阙漏。惟杜解既嫌强经就传，而孔疏亦过申杜抑刘，于刘之致规于杜者，壹切以为非是，斯又笃信专门之过！而与共参定者，则有四门博士杨士勋焉。士勋兼明《穀梁》，又为范宁《春秋穀梁传集解》作疏，其书不及颖达杜疏之赅洽。然诸儒言《左传》者多，言《公》《穀》者少，既乏凭借之资，而孔疏成于众手，此则出于一人，复鲜佐助之力，详略殊观，固其宜也。惟范宁《传例》全书已佚，散附《集解》，而疏中所引，有称"范氏略例"者，有称"范例"者，有称"范氏别例"者，凡二十余条，皆在《集解》所附之外，其云别例者，盖《范氏注》中已有例，而此别出故也。中如

《桓元年·疏》引《范氏例》云："春秋上下无王者凡一百有八。……"《庄二十二年夏雨大灾疏》引《范例》云："灾十有二，内则书日，外则书时……"《闵二年夏五月乙酉吉禘于庄公疏》引《范略例》云："祭祀例有九，皆书月以示讥。"……如此之类，皆胪次其事以见义类而已。盖春秋无达例，但属辞比事，胪列书法之同异，有可以心知其义者，则为之说，其不可知者，则阙之而不为曲说，斯可以推见《范例》之矜慎焉！士勋疏述之功，不可没也。《公羊传》自何休《解诂》以后，罕有为之疏者，世传徐彦，不知何代？其疏葬桓王一条，全袭用杨士勋《穀梁传疏》，知在士勋之后，而疏文自设问答，文繁语复，或者故袭《公羊》之文体耶？惟《左传》附经，始于杜预；《穀梁》附经，疑自范宁；而《公羊传》附经，则不知始自何人？观何休解诂，但释传而不释经，与杜、范异例，知汉末犹自别行。后世所传《汉石经残字》，《公羊传》亦无经文；足以互证。今本以传附经，或徐彦作疏之时所合并欤？自是《春秋三传》之疏备！然《春秋》之学，至唐而疏通证明，集汉诂之大成；亦至唐而风气独开，导宋学之先路。肃、代之世，有润州丹阳县主簿赵郡啖助叔佐者，明《春秋》，撰《统例》，务在考三传得失，弥缝阙漏，故其论多异先儒，如谓："《左传》非丘明所作。独详周、晋、齐、宋、楚、郑之事，乃左氏得此数国之史，以授门人。义则口传，未形竹帛。后代学者乃演而通之，编次年月以为传记，又杂采各国诸卿家传及卜书、梦书、占书、纵横、小说，故序事虽多，释经殊少，犹不若公羊、穀梁之于经为密。公羊、穀梁初亦口授。公羊名高，穀梁名赤，未必是实。《汉书》丘明授鲁曾申，申传吴起，自起六传至贾谊等说，亦皆附会。"又云："《春秋》之文简易。

先儒各守一传，不肯相通，互相弹射，其弊滋甚。”自啖助之说出而风气渐变。大抵啖助以前，学者皆专门名家，苟有不通，宁言经误，其失也固陋！啖助以后，学者喜援经击传，其或未明，则凭私臆决，其失也穿凿。助之学，传于洋州刺史河东赵匡伯循、给事中吴郡陆淳伯冲。淳因助《统例》仅成六卷，遂与助之子曰异者，裒录遗文，增纂《统例》，请匡损益，成《春秋集传纂例》十卷，又本褒贬之意，更为《春秋微旨》三卷，条别三传，折衷啖、赵，以朱墨记其胜否，又摭三传之不入《纂例》者，驳正以啖、赵之说，以明去取之意，成《春秋集传辨疑》十卷。盖啖助之学，至淳而发挥旁通也。然淳之阐发师说，亦有变本而加厉者！啖助以为“《左氏》叙事虽多，解经意殊少。公、穀传经，密于左氏。然左氏比余传，其功最高，博采诸家，叙事尤备，能令百代之下，颇见本末，因以求意，经文可知”。则亦未甚深非，至淳则直谓“左氏浅于公、穀，诬谬实繁”。啖助以为“左氏、公羊、穀梁皆孔门后之门人。但公、穀守经，左氏通史，其体异尔！惟三传之义，本皆口传，《左传》亦非丘明自作”。至淳则直谓“左氏非丘明。丘明，夫子以前贤人，如史佚、迟任之流。焚书之后，学者见传及《国语》俱题左氏，遂引以为丘明。然自古岂止一丘明姓左乎？且《左传》《国语》，文体不伦，叙事多乖，定非一人所为也”。此则阐发师说而变本加厉者也。然今世所传合三传为一书者，实自淳之《纂例》始。淳本啖助之说，杂采三传，以意去取，合为此书，变专家为通学，是《春秋》经学一大变。宋儒治《春秋》者皆此一派。如平阳孙复明复之撰《春秋尊王发微》十二卷，新喻刘敞原父之撰《春秋权衡》十七卷、《春秋传》十五卷、《春秋意林》二卷、《春秋传说例》一卷，高邮孙觉莘老之《春秋经解》十三卷，涪陵崔子方彦直之撰《春秋经解》十二卷、《春秋本例》二十卷、《春秋例要》一卷，吴县叶梦得石林之撰《春秋传》二十卷、《春秋考》十六卷、《春秋谳》二十二卷，寿州吕本中居仁之撰《春秋集解》三十卷，崇安胡安国康侯之撰《春秋传》三十卷，鄞县高闶抑崇之撰《春秋集注》四十卷，瑞安陈傅良君举之撰《春秋后传》十二卷，南安吕大圭圭叔之撰《春秋或问》二十卷附《春秋五论》一卷，眉山家铉翁则堂之撰《春秋详说》三十卷，皆焯然名家，著有成书者。其中以孙复为最先，刘敞为最优，而胡安国为最显。孙复沿啖、陆之余波，几于尽废三传。而刘敞则不尽从传，亦不尽废传，进退诸说，往往依经立义，不似复之意为断制。此亦说贵征实之一征也。胡安国之撰《春秋传》，自草创至于成书，初稿不留一字，其用意亦勤矣！顾其书作于南渡之后，故感激时事，往往借《春秋》以寓意，不必一一悉合于经旨，在宋儒《春秋》之书，名最高而品斯下焉。余考宋儒之说《春秋》者，盖往往推衍啖、陆之说。叶梦得曰：“左氏传事不传义，是以详于史而事未必实。公羊、穀梁传义不传事，是以详于经而义未必当。”胡安国曰：“事莫备于左氏。例莫明于公羊。义莫精于穀梁。”朱子曰：“左氏是史学。公、穀是经学。史学者记得事却详，于道理上便差。经学者于义理上有功，然记事多误。”又曰：“左氏曾见国史，考事颇精，只是不知大义，专去小处理会，往往不曾讲学。公、穀考事甚疏，然义理却精，二人乃是经生，传得许多说话，往往不曾见国史。”吕大圭曰：“左氏熟于事，公、穀深于理。盖左氏曾见国史，而公、穀乃经生也。”此推衍啖助“公、穀守经，左氏通史”之说也。临川王安石介甫有《左氏解》一卷，证左氏非丘明者十一事，今佚其书，不知十一事者何据？或问程子曰："左氏是丘明否？"曰："传无丘明字，故不可考。"叶梦得撰《春秋谳》，据《左传》末载"韩、魏反而丧之"之语，谓"知伯亡时，左氏犹在"，断以为战国时人。莆田郑樵渔仲《六经奥论》云："左氏终纪韩、魏智伯之事，又举赵襄子之谥。若以为丘明，自获麟至襄子卒已八十年矣。使丘明与孔子同时，不应孔子既没七十有八年之后，丘明犹能著书。此左氏为六国人，明验一也。左氏：'战于麻隧，秦师败绩，获不更女父。'又云：'秦庶长鲍、庶长武帅师及晋师战于栎。'秦至孝公时，立赏级之爵，乃有不更庶长之号。明验二也。左氏云：'虞不腊矣！'秦至惠王十二年初腊。明验三也。左氏师承邹衍之说而称'帝王子孙'。齐威王时，邹衍推五德终始之运。明验四也。左氏言分星，皆准堪舆。按韩、魏分晋之后，而堪舆十二次'始于赵分曰大梁'之语。明验五也。左氏云：'左师展将以公乘马而归。'按三代时有车战，无骑兵，惟苏秦合从六国，始有'车千乘，骑万匹'之语。明验六也。左氏序吕相绝秦，声子说齐，其为雄辨狙诈，真游说之士，捭阖之辞。明验七也。左氏之书，序晋、楚事，如'楚师熸，犹拾沈'等语，则左氏为楚人。明验八也。据此八验，知左氏为六国时人，非丘明矣。"朱子亦谓："'虞不腊矣'为秦人之语。"与郑樵同。此推衍陆淳"左氏非丘明"之说也。惟重证验，主事实，殆有胜于陆淳之悬想凿空者焉！然宋自孙复之祖陆淳，人人以臆见说《春秋》，恶旧说之害已也，则举三传义例而废之，又恶左氏所载证据分明，不能纵横颠倒，惟所欲言也，则并举《左传》事迹而废之。譬诸治狱，务毁案牍之文，灭证佐之口，则是非曲直，乃可惟所断而莫之争也。独眉山苏辙子由撰《春秋集传》十二卷，大意以世人多师孙复，不复信史，故简别《公》《穀》，壹以左氏为本，盖二传之意测者难信而左氏之征史者有据也。金华吕祖谦伯恭之学，于《左传》最深，其发挥《左传》者，则有《春秋左氏传说》二十卷、《续说》十二卷，《东莱左氏博议》二十五卷。然据事抒论，意不在通经。福清林栗黄中撰《春秋经传集解》三十三卷，则尤专主《左氏》而黜《公》《穀》。惟林栗指《左传》之“君子曰”为刘歆所加，而资州李石方丹著《左氏君子例》一卷，则以为《左传》有所谓“君子曰”者，盖皆示后学以褒贬大法云。蒲江魏了翁鹤山节录杜注、孔疏，每条前为标题，而系以先后次第，成《春秋左传要义》三十一卷。其书于疏中日月名氏之曲说，烦重琐屑者，多刊除不录，而名物度数之间，则删繁举要，本末粲然。盖左氏之书，详于典制；三代之文章礼乐，犹可以考见其大凡，其远胜《公》《穀》，实在于此，了翁所辑盖庶乎得其要领者！丹棱程公说克斋则取《春秋经传》，仿司马迁书，为年谱、名谱、历法、天文、五行、疆理、礼乐、征伐、职官诸书，周、鲁、齐、宋、晋、楚以下大小国世本，成《春秋分纪》九十卷，条别件系，附以序论。清儒顾栋高之《春秋大事表》大略仿焉。斯与魏了翁《春秋左传要义》俱为《左》学之津梁也。是皆刻意于《左氏》之书者，傥以厕于宋儒之间，殆所谓抗心独往，而不囿于时论者耶！元仁宗延祐二年，定科举经义经疑取士条格，《春秋》用三传及胡安国传。然祁门汪克宽德辅作《春秋纂疏》三十卷，一以安国为主。而明成祖命行在翰林院学士胡广等撰定《春秋大全》七十卷，即用克宽之胡传《纂疏》为蓝本焉！自是胡传行而三传悉废。儒者驯乃弃经不读，惟以安国之传为主，明儒所谓经义者，实安国之传义而已！故有明一代《春秋》之学为最陋，而其端实于元发之。此元、明两代之《春秋》学，所为卑之无甚高论者也！独有可特笔者，元之二家，曰庆元程端学积斋，曰休宁赵汸子常；明之二家，曰长洲陆粲子余，曰太仓傅逊士凯。四人者，主张不同，方法亦不同。程端学作《春秋三传辨疑》二十卷，其书以攻驳三传为主，凡端学以为可疑者，皆摘录经文、传文，而疏辨于下，大抵先存一必欲废传之心，而百计以求其瑕纇，求之不得，则以不可信一语概之。盖不信三传之说，创于啖助、陆淳，逮宋析为三派：有弃传而不驳传者，厥以孙复之《春秋尊王发微》为最著；有驳三传之义例者，厥以刘敞之《春秋权衡》为最著；有驳三传之典故者，厥以叶梦得之《春秋谳》为最著。至于端学，乃兼三派而用之，且并以《左传》为伪撰，推波助澜，罔顾其安！而作《春秋本义》三十卷，则颇能纠正胡安国传之失，而所采自三传而下，凡一百七十六家，中多宋儒孙复以后之说，其书佚者十之九，则可谓集宋学之大成者矣！至其作《春秋或问》十卷，则历举诸家，各加抨击，虽过疑三传，未免乖方，至于宋代诸儒，一切深刻琐碎之谈，附会牵合之论，罔不并举而摧陷焉！是搜采宋学之总汇者端学，而廓清宋儒之矫诬者亦端学也！至赵汸淹贯三传，所撰《春秋集传》十五卷、《春秋属辞》十五卷、《春秋左氏传补注》十卷，皆据传求经，多由考证得之，不似程端学之好骋臆说。盖汸之说《春秋》，以《左氏传》为主，注则宗杜预。左有不及者，以《公羊》《穀梁》二传通之；杜所不及者，以陈傅良《左传章旨》通之。其大旨谓："杜偏于《左》，傅良偏于《穀梁》。若用陈之长以补杜之短，用《公》《穀》之是以救《左传》之非，则两者兼得。笔削义例，触类贯通。传注得失，辨释悉当。不独有补于杜解，为功于《左传》，即圣人不言之旨，亦灼然可见。”因反复辨讨，出入百家，究其得失，即陈傅良《章旨》附于杜注之下，成《春秋左氏传补注》，于杜注有未备者，颇采孔颖达之疏畅述之，盖征实之学，与虚腾高论者终有别也！惟赵汸讥陈傅良《春秋后传》之贯通三传，谓“《公》《穀》与左氏终是异师”，颇中其失！然汉尹更始之《章句》，晋刘兆之《全综》，已开贯通三传之先路，奚必独绳陈傅良以苛论矣！陈傅良之书，独存《春秋后传》《左传音旨》，世则罕睹！而汸所采录，宁只补杜注之遗阙，抑足存陈书之梗概焉！至无锡邵宝国贤，于明武宗时，著《左觿》一卷，颇发杜注之违，独惜其寥寥无多！陆粲乃著《左传附注》五卷，以驳正杜注、孔疏暨陆德明之《左传释文》，旁采诸家，断以己意，于训诂家颇为有裨。而傅逊著《左传属事》二十卷，则仿建安袁枢《纪事本末》之体，变编年为属事，事以题分，题以国分，更加考注，以订杜预之误；又著《左传注解辨误》二卷，则会众说以折衷之。杜注之误，有未经辨议者，亦创以己意，为之厘革。斯则左氏之忠臣，杜注之诤友，而明儒之矫然特出者乎！清儒尊推汉学，与明儒异趣，然《公羊》垂绝复续，至晚清乃盛；而《穀梁》孤学，廑有传者；独《左氏》不绝于讲诵。其无惭左氏之忠臣，杜注之诤友，而有光于前哲者，则有昆山顾炎武亭林之撰《左传杜解补正》三卷，衡阳王夫之而农之撰《春秋稗疏》二卷，吴江朱鹤龄长孺之撰《读左日钞》十四卷，泰州陈厚耀泗源之撰《春秋长历》十卷、《春秋世族谱》一卷，吴县惠士奇天牧之撰《半农春秋说》十五卷，惠栋定宇之《左传补注》六卷，吴江沈彤冠云之撰《春秋左氏传小疏》一卷，甘泉焦循理堂之撰《春秋左传补疏》五卷，阳湖洪亮吉稚存之撰《春秋左传诂》二十卷，钱唐梁履绳处素之撰

《左通补释》三十二卷，吴县沈钦韩文起之撰《春秋左氏传补注》十二卷，桐城马宗琏鲁陈之撰《春秋左传补注》一卷，嘉兴李贻德次白之撰《春秋左传贾服注辑述》二十卷，皆能补苴罅漏，张皇幽眇，通贾、服之说，发杜氏之违，于左氏书有所阐明，而焦循、沈彤特斥杜预注左，以成司马氏之篡弑，语有证佐，最推深识。然就左氏而论，犹为掇拾细故，未究大体。独无锡顾栋高震沧之撰《春秋大事表》五十卷，错比全书，创意为表，天文有《时令表》《朔闰表》《长历拾遗表》《天文表》《五行表》，地理有《列国疆域表》《列国犬牙相错表》《列国都邑表》《列国山川表》《列国险要表》《城筑表》，国际有《列国爵姓及存灭表》《齐楚争盟表》《宋楚争盟表》《晋楚争盟表》《吴晋争盟表》《齐晋争盟表》《秦晋交兵表》《晋楚交兵表》《吴楚交兵表》《吴越交兵表》《齐鲁交兵表》《鲁邾莒交兵表》《宋郑交兵表》《兵谋表》《四裔表》《齐纪郑许宋曹吞灭表》，内政有《列国官制表》《刑赏表》《田赋军旅表》《王迹拾遗表》《鲁政下逮表》《晋中军表》《楚令尹表》《宋执政表》《郑执政表》《乱贼表》，典礼有《吉礼表》《凶礼表》《宾礼表》《军礼表》《嘉礼表》，人物有《列国姓氏表》《卿大夫世系表》《人物表》《列女表》，考文有《三传异同表》《阙文表》《左传引据诗书易三经表》，杜注《正讹表》，凡百三十一篇，类聚区分，以列《春秋》大事，略与宋程公说之作《春秋分纪》同，然条理详明，考证典核，较公说书实为过之。其辨论诸篇，引据博洽，议论精确，多发前人所未发，亦非公说所可及。信千古之绝作也！亦有体大思精，父子祖孙，家世相嬗，而莫殚其业者，则有如仪征刘文淇孟瞻，生于道光之世，研精古籍，贯串群经，于《左氏传》致力尤勤，尝谓："《左氏》之义，为杜注剥蚀已久，其稍可观览者，皆系袭取旧说。”发凡创例，撰《左传旧注疏证》，先取贾、服、郑三君之注，疏通证明。凡杜氏所排击者纠正之，所剿袭者表明之。其沿用韦氏《国语注》者，亦一一疏记。他如许慎《五经异义》所载《左氏》说，皆本《左氏》先师；《说文》所引《左传》，亦是古文家说；《汉书·五行志》所载刘子骏说，实《左氏》一家之学；又如《经疏》《史注》及《御览》等书所引《左传》注，不载姓名，而与杜注异者，亦是贾、服旧说。凡若此者，皆称为旧注，而加以疏证。其顾、惠注补及洪亮吉、沈彤、焦循等人专释《左氏》之书，以及钱、戴、段、王诸家诂训，说有可采，咸与登列，末始下以己意，定其从违。上稽先秦诸子，下考唐以前史书，旁及杂家笔记文集，皆取为证佐，期于实事求是，俾《左氏》之大义，炳然复明。草创四十年，长编已具，然后依次排比成书，顾未及写定而卒。其子毓崧伯山继之，会天下大乱，年五十卒，迄未成书！其子寿曾恭甫又继之，亦以夭死，廑卒襄公！三世一经，赍志踵殁，滋可哀也。清祚垂衰，朴学亦绝。经生矫厉，斯称章、刘。刘师培申叔者，刘文淇之曾孙，而寿曾之犹子也，少承先业，以《春秋》三传，同主诠经，《左传》为书，说尤赅备，审其义例，或经无传著，或经略传详，以传勘经，知笔削所昭，类存微旨。汉儒说《左氏》，据本传以明经义，凡经字相同，即为同旨。又引月冠事，明经有系月、不系月之分，创获实多，亦较二传为密。爰阐厥科条，举同词同指、同词异实、褒贬互见、错文见异、变文为例、文实殊指、内外异词、时日月例，成《春秋左传例略》一书。余杭章炳麟太炎与师培欢好，亦治《左》学，以为《左氏》古义最微，非极引周、秦、西汉先师之说，则其术不崇；非极为论难辨析，则其义不明，故以浅露分别之词，申深迂优雅之旨，发疑正读，成《春秋左传读》一书。又据《桓谭新论》，谓刘向以《穀梁》名家，而亦呻吟《左氏》，《说苑》《新序》《列女传》中所举《左氏》事义六七十条，其间一字偶易，正可见古文《左传》不同今本，而子政之改易古文，代以训诂者，亦皆可睹；盖字与今异者，则可见河间古文；训与今异者，则本之贾生训故；抽绎古义，次第其文，成《刘子政左氏说》，以纠《汉书》称歆治《左氏》，向不能非间，犹自持《穀梁》义之违谬。斯可谓挽近《左》学之后劲者矣！《穀梁》与《左氏》同出鲁学，然《穀梁》自昔孤微，清中叶以后稍振。其著书立说，差自名家者，则有海州许桂林同叔之《穀梁释例》四卷，番禺侯康君谟之《穀梁礼证》二卷，丹徒柳兴恩宾叔之《穀梁大义述》七卷，嘉善钟文烝朝美之《穀梁补注》二十四卷。而柳兴恩之治《穀梁》，专从善于经入手，而善经则以述辞比事为据，事与辞，则以《春秋》日月等名例定之，扶翼孤经，于《穀梁》家为有条贯云！《公羊》与《左氏》义相反对，与《穀梁》亦非同趣。而曲阜孔广森㧑约撰《春秋公羊通义》十一卷，兼援左、穀，未明家法，又其三科、九旨，不遵何氏，而别立时日月为天道科，讥贬绝为王法科，尊亲贤为人情科，如是则以日月名字为褒贬，《公羊》与《穀梁》何异，言《公羊》学者不重之！然清儒之言《公羊》者，盖自广森开其端。而武进庄存与方耕著《春秋正辞》九卷，宏发《公羊》，刊落训诂名物之末，而专求所谓微言大义者。其同县外孙刘逢禄申受继之，昌衍其绪，以正孔广森，以为“无三科、九旨，则无《公羊》。无《公羊》，则无《春秋》。《春秋》因鲁史以明王法，改周制而俟后圣，犹六书之段借，说《诗》之断章取义。故虽以齐襄、楚灵之无道，祭仲、石曼姑、叔术之嫌疑，皆假之以明讨贼复仇让国之义，事实不予而文予。《左氏》详于事，而《春秋》重义不重事。《左氏》不言例，而《春秋》有例，无达例。惟其不重事，故存十一于千百，所不书多于所书。惟其无达例，故有贵贱不嫌同号，美恶不嫌同辞，以为待贬绝不待贬绝之分，以寓一见不再见之义。《春秋》立百王之法，岂为一人一事设哉。故曰：'于所见微其辞，于所闻痛其祸，于所传闻杀其恩。'此一义也。穀梁氏所不及知也！'于所传闻世见拨乱致治，于所闻世见治升平，于所见世见太平。'此又一义也。即治《公羊》者，亦或未之信也！"于是寻其条贯，正其统纪，为公羊《春秋何氏释例》三十篇，凡何氏所谓"非常异义可怪之论"，如"张三世""通三统""绌周王鲁""受命改制"诸义，次第归纳而为之敷畅，以微言大义刺讥褒讳挹损之文辞，洞然推极属辞比事之道，又成《笺说》《答难》《决狱》等凡十一书，盖自汉以来之言《公羊》者，莫之逮也。江都凌曙晓楼者，精熟郑氏礼，能通其要。既闻刘逢禄论《何氏春秋》，大好之！深念《春秋》之义，存于《公羊》，而《公羊》之学，传自董子。董子《春秋繁露》原天以尊礼，援比以贯类，旨奥词赜，莫得其会通，乃博稽旁讨，承意仪志，梳其章，栉其句，为注十七卷，又不慊于徐彦之《公羊疏》，欲改为之而未暇，成《公羊礼疏》十一卷，《公羊礼说》一卷，《公羊问答》一卷。句容陈立卓人，从曙学，兼习《公羊春秋》、郑氏礼，而于《公羊》用力尤深，钩稽贯串，自汉儒治《公羊》家言者董仲舒、司马迁以下逮清儒孔㧑约、庄存与、刘逢禄诸家，悉加董讨而裁以己意，其礼制则折衷师说而笃宗郑氏，撰成《春秋公羊传义疏》七十六卷，而于何氏有引申，无违异，盖严守疏不破注之例也。斯亦何氏之悌弟，而《公羊》之忠臣矣！然世儒之学《左氏》者，必绌《公羊》：学《公羊》者，亦绌《左氏》。刘逢禄论《左氏》书，据《史记》本名《左氏春秋》，若《晏子春秋》《吕氏春秋》比。自王莽时，国师刘歆增设条例，推衍事迹，强以为传《春秋》，冀夺《公羊》博士师法。所当以《春秋》归之《春秋》，《左氏》归之《左氏》，而删其书法凡例及论断之缪于大义、孤章断句之依附经文者，庶以存《左氏》之本真，俾攻左者不得为口实，成《左氏春秋考证》二卷。自唐以来，难左诸家，盖未有详考博辨如刘氏此书者也。论者以比《尚书》之太原阎若璩《尚书古文疏证》一书焉！顾近儒章炳麟则诃为摘发同异，比盗憎主人，盖尝驳难其说，累三万言，以弁于《春秋左传读》之编首。而南海康有为长素著《新学伪经考》，则又谓"《春秋左氏传》暨《周礼》《逸礼》及《诗》之毛传，凡西汉末刘歆所力争立博士者，皆刘歆伪作以成新莽篡汉之计者也"。"新学"者，谓"新莽之学"。盖并摈《春秋左氏传》诸书于汉学之外，殆视刘逢禄之说为尤甚！而有为尤敢为非常异义可怪之论，托改制以言变法，张三世以说进化，著有《春秋董氏学》《孔子改制考》等书，而定《春秋》为孔子改制创作之书，谓"文字不过其符号，如电报之密码，如乐谱之音符，非口授不能明。又不惟《春秋》而已，凡六经皆孔子所作。昔人言孔子删述者误也。孔子盖自立一宗旨而凭之以进退古人，去取古籍。孔子改制，恒托于古。尧、舜者，孔子所托也，其人有无不可知，即有亦至寻常。经典中尧、舜之盛德大业，皆孔子理想上所构成也。又不惟孔子而已，周秦诸子，罔不改制，罔不托古，老子之托黄帝，墨子之托大禹，许行之托神农，是也"。虽然，近儒祖述何休以言《公羊》者，如刘逢禄、陈立之伦，皆言改制，而有为之说实有不同寻常者，盖有为所谓“改制”者，即“政治革命”“社会进化”之意也，故喜言“通三统”。“三统”者，谓夏、商、周三代不同，当随时因革也。喜言“张三世”。“三世”，谓据乱世、升平世、太平世，愈改而愈进也。既以授弟子新会梁启超任公。师弟于喁，蕲实见诸行事，而有戊戌之政变，功虽不成，众论归高。一时士夫之骛变法维新者，益憙言《公羊》矣！然章炳麟专攻《左氏》，而无害于言革命，谓“贾逵言‘《左氏》义深君父’，此与《公羊》反对之词耳！若夫称国弑君，明其无道，则不得以‘义深君父’为解。杜预于此，最为闳通。而近世焦循、沈彤辈，多谓预借此以助司马昭之弑高贵乡公，则所谓‘焦明已翔乎寥廓，弋者犹视乎薮泽’也！”善化皮锡瑞鹿门，作《春秋通论》，扬榷三传，而归重于《公羊》，据《孟子》“孔子作《春秋》而乱臣贼子惧”之说，谓“《春秋》大义，在诛讨乱贼，而《左氏》‘弑君称君君无道’之例，揆之《春秋》，大义有乖。杜预奸言诬圣，曲畅其说”，持论又殊章氏。则是以志行之不同而判从违，宁必所学之殊耶！纂《春秋志》第六。

《小学志》第七

上古结绳而治。书契者，盖作于黄帝之史仓颉，览鸟兽蹄迒之迹，依类象形，故谓之文，其后形声相益，即谓之字。文者，物象之本；字者，孳乳而浸多也。故独体为文，合体为字，著于竹帛谓之书，书者，如也。书之体用有六：一曰指事。指事者，视而可识，察而见意，二二是也。二曰象形。象形者，书成其物，随体诘屈，日月是也。三曰形声。形声者，以事为名，取譬相成，江河是也。四曰会意。会意者，比类合谊，以见指㧑，武信是也。五曰转注。转注者，建类一首，同意相受，考老是也。六曰假借。假借者，本无其字，依声托事，令长是也。谓之六书。其中指事、象形二者，皆独体之文也；形声、会意二者，则合体之字也。惟会意两体皆主义，而形声则一体主义，一体主声兼义。四者，字之体也。至转注之建类一首，殆形制之归纳法，而假借之依声托事，则声义之演绎法。二者，字之所由孳乳，充类至尽，而广字之用者也。然则六书之作，权舆于文，孳乳于字。而字之孳乳，盖形声相配尽之矣。以形为经，以声为纬，而天下之物尽。以声为经，以形为纬，而天下之义备。物不能逃乎形，义弗能离于声。形归类而建部首，声各义而从某声。父之诏子，师之诏弟，若先授以部首，使知天下之共名，则明孳乳之字以类分。如知水字，则江河湖海知为水类；知木字，则桃杏梅李知为木类。授以某声，使知天下之音义，则从某声之字以音比。如娶从取声，为取女义；衷从中声，为中衣之义。察其形声相配，而字之名义，罔不了然心目间，故识一物而众物明，通一声而众声会也。然则六书之孳乳，不外形声相配，而一切文字之体用，要归六书。古者八岁入小学，故《周官》保氏掌养国子，教之六书，谓指事、象形、形声、会意、转注、假借也。汉兴，萧何造律，亦著其法。曰："太史试学童，能讽书九千字以上，乃得为史。"自是称书学为小学也。夫六经孔、孟之书以载道，所以明道者辞也，所以成辞者字也。学者当由字以通其辞，由辞以通其道。宋儒讥训诂之学而轻语言文字，是犹渡江河而弃舟楫也！然则小学者，经学之委也。故以殿于篇。惟汉以后儒者之言小学，有言形制者，有言声韵者，有尽形声之用而言训诂者，而形制为之基。

我闻在昔，仓颉帝史，肇兴文字，鸟迹兽远，厥名古文。继以虫鱼，古古相积。五帝三王之世，改易殊体，封于泰山者七十有二代，靡有同焉。及周宣王太史籀著大篆十五篇所称《史籀篇》者，周时史官教学童书也，与古文或异。至孔子书六经，左丘明述《春秋传》，皆以古文。其后诸侯力政，不统于王，恶礼乐之害已，而皆去其籍，言语异声，文字异形。秦始皇帝初兼天下，丞相李斯乃奏同之，罢不与秦文合者，作《仓颉篇》七章，中车府令赵高作《爰历篇》六章，太史令胡毋敬作《博学篇》七章，皆取史籀大篆，或颇省改，所谓小篆者也。是时始建隶书矣，起于官狱多事，删古立隶，苟趋省易，施之于徒隶，作之自程邈也。汉兴，闾里书师，合《仓颉》《爰历》《博学》三篇，断六十字以为一章，凡五十五章，并为《仓颉篇》。武帝时司马相如作《凡将篇》，无复字。元帝时，黄门令史游作《急就篇》；成帝时，将作大匠李长作《元尚篇》，皆《仓颉》中正字也。《凡将》则颇有出矣。至平帝元始五年，征天下通小学者沛人爰礼等以百数，各令记字于未央庭中。黄门侍郎蜀郡扬雄子云取其有用者以作《训纂篇》，顺续《仓颉》，又易《仓颉》中重复之字，凡八十九章，五千三百四十字。惟《仓颉》多古字，俗师失其读，宣帝时征齐人能通《仓颉》读者。河东张敞子高从受之，传至外孙凉州刺史魏郡杜业子夏之子曰林伯山者，为作《仓颉训纂》《仓颉故》各一篇，具载《汉书·艺文志》。独史游《急就篇》传，凡四卷三十四章，其字略以类从，而不立门目。解散隶体，以所变章草法书之。至东汉，扶风班固孟坚续扬雄《训纂》作十三章，无复字。扬雄《训纂》终于滂熹二字。和帝时，郎中贾鲂又用此二字为篇目，续成《滂熹篇》，而终于彦均二字，合《仓颉》《训纂》称曰《三仓》，凡百二十三章，七千三百八十字，六艺群书所载略备矣！然自史游以下，咸以李斯《仓颉篇》为本。安帝之世，大尉南阁祭酒汝南许慎叔重以为汉代暴秦，承用隶体，即大篆亦将废弃，何论古文。故因当时之体，采通人之言，溯古籀之迹，作《说文解字》，其意盖《尚书》载尧以来，《史记》托始五帝之义，而以秦汉小篆为主，则荀卿子法后王之义，取其适于时用也，凡十四篇，合目录一篇，为十五篇，分五百四十部，为文九千三百五十三，重文一千一百六十三，注十三万三千四百四十一字。其建首也，立一为专，聚类群分，共理相贯，杂而不越，据形系联，引而申之，以究万原，毕终于亥。后世之言小学者宗焉。北海郑元康成注三礼，各引《说文》一事。献帝时，扶风曹喜仲则、颍川邯郸淳于叔、京兆韦诞仲将、河东卫觊伯儒，皆以篆法授受。而觊好古文，鸟篆草隶，无所不善。淳善仓雅虫篆许氏字指，魏初传古文者，出于邯郸淳。魏又有清河张揖稚让作《埤仓》三卷、《古今字诂》三卷、《难字错误字》各一卷，掖庭右丞周氏作《杂字解诂》四卷，周成作《解文字》七卷，曹侯彦作《古今字苑》十卷；蜀有太子中庶子郭显卿作《古今字苑》十卷，具见《隋书·经籍志》。方之许书，古今体用，或得或失。而吴之好《说文》者，称彭城严畯曼才焉。既晋代魏禅，卫凯之孙曰恒巨山者，善草隶书，能世其学，撰《四体书势》一卷，最为人传诵。而东莱㟆令吕忱则表上《字林》六卷，以补许慎《说文》书所阙遗，其中有《说文》本无而增补者，有《说文》本有而字各异体者，然于许氏部叙，初无移徙。萧梁之世，黄门侍郎兼太学博士吴郡顾野王希冯者，于篆隶奇字，无所不通，乃因《说文》造《玉篇》三十卷，其部叙既有所增降损益，其文又增多于《字林》。《唐六典》载书学博士以《石经》《说文》《字林》教士。《字林》之学，阅晋、宋、齐、梁、陈，至唐极盛，论者以为《说文》之亚。今字书传世者，莫古于《说文》《玉篇》，而《字林》实承《说文》之绪，开《玉篇》之先者也。北朝魏符节令陈留江式法安亦依许氏《说文》为本，撰《古今文字》四十卷，大体以许氏书为主，及梅传孔氏《尚书》《五经音注》《籀篇》《尔雅》《三仓》《凡将》《方言》《通俗》文祖文宗，《埤仓》《广雅》《古今字诂》《三字石经》《字林》《韵集》诸赋文字，有六书之谊者，以类编联，文无复重，统为一部。其古籀、奇惑、俗隶诸体，咸使班于篆下，各有区别。训诂假借之谊，随文而解，可谓有造于许氏者也！至唐肃宗时，处士富春孙强复修顾野王《玉篇》，愈多增其文，世行之《玉篇》本，盖非野王之旧，而强所修也。然许慎专为篆学，而野王杂于隶书，用世既久，故篆学愈微。野王虽曰推本许慎，而追逐世好，颇改慎旧。自强以下，固无讥焉！代宗之世，赵郡李阳冰少温独擅篆学，与秦丞相李斯齐名，时称中兴。盖唐以《说文》立博士，习之者多，而阳冰尤精也，更刊定《说文》，仍祖许慎，然颇出私意，诋诃于慎。学者恨之！其后谭小学者，宋则有洛阳郭忠恕恕先之《汗简》《佩觿》，湖州张有谦中之《复古篇》；元则有永嘉戴侗仲达之《六书故》，兖州杨桓武子之《六书统》，饶州周伯琦伯温之《说文字原》《六书正讹》；明则有余姚赵㧑谦古则之《六书本义》，衢州叶秉敬敬君之《字孪》，其大旨皆不违于许氏。其间传述之功，则以南唐二徐为最。二徐者，盖广陵徐铉鼎臣、徐锴楚金兄弟。锴撰《说文系传》凡八篇四十卷，首《通释》三十卷，以许慎《说文解字》十五篇，篇析为二，凡锴所发明及征引经传者，悉加“臣锴曰”“臣锴案”字以别之；继以《部叙》二卷，《通论》三卷，《祛妄》《类聚》《错综》《疑义》《系述》各一卷，《祛妄》斥李阳冰臆说，《疑义》举《说文》偏旁所有而阙其字者，又篆体笔画相承小异者，《部叙》拟《易·序卦传》以明《说文》五百四十部先后之次，《类聚》则举字之相比为义者，如一二三四之类，《错综》则旁推六书之旨，通诸人事以尽其意，终以《系述》，则犹《史记》之自叙。名之曰《系传》者，盖尊许氏书若经也。铉又苦许氏书偏旁奥密，不可意知，因令锴以切韵谱其四声，取便检阅，而铉为锴篆之，名曰《说文解字篆韵谱》，凡五卷，小篆皆有音训，无音训者，则慎书所附之重文，注史字者籀书，注古字者古文也。所注颇为简略，盖六书之义，已具《系传》耳。《系传》书成未布而南唐亡，锴亦卒。铉入宋为太子率更，以太宗雍熙三年奉诏与句中立、葛湍、王惟恭等刊定《说文》，其字为《说文》注义序例所载而诸部不见者，悉为补录，又有经典相承，时俗要用，而《说文》不载者，亦皆增加，别题之曰新附字。其本有正体而俗书讹变者，则辨于注中；其违戾六书者，则别列卷末，或注义未备，更为补释，亦题"臣铉等案"以别之；音切则一以孙愐《唐韵》为定。以篇帙繁重，每卷各分上下，后世所行毛晋刊本是也。自是铉之校理、锴之系传，胥为后世治许氏学者所宗，谓之大徐、小徐是也。郭忠恕撰《汗简》四卷，与大小徐同时，其分部分隶诸字，用古文之偏旁，而从《说文》之旧，征引古文七十一家；时薛尚功等之书未出，故钟鼎阙焉。然后之谈古文者，辗转援据，大抵从此书相贩鬻，则忠恕所编，实为诸书之根柢，未可忘所自来矣！至据三代钟鼎彝器以考古文者，盖自钱唐薛尚功用敏撰《历代钟鼎彝器款识》始也。元、明以来，《说文》之学渐微，则语录性理间之也。不坠前型，差强人意者，惟周伯奇、戴侗、叶秉敬诸家耳。余等自郐无讥焉。独清儒武进臧礼堂和贵之著《说文引经考》，乌程严可均景文之著《说文天算考》《说文声类》，皆有专门独到之功。阳湖孙星衍渊如考《魏二体石经残字》，校《仓颉篇》，皆以《说文解字》为根据。而金坛段玉裁懋堂积数十年之力，治《说文解字》，尤为有功许氏。以徐铉校本颇有更易，不若锴为不失许氏之旧，顾其中尚有为后人窜改者、漏落者、失其次者，一一考而复之，作长编，名曰《说文解字读》，悉有佐证，不同臆说，详稽博辨，既而简练成注，仍铉校，分三十卷，大致谓："《说文》五百四十部，次第以形相联。每部之中，次第以义相属。每字之下，兼说其古义古形古音。训释者，古义也；象某形，从某，某声者，古形也；云某声，云读若某者，古音也。三者合而一篆乃完也。其引经传，有引以说古义者，以转注假借分观之，如《虞书》曰‘至于岱宗紫’，《诗》曰‘祝祭于鬃’，说字之本义也；如《商书》曰‘无有作玫’，《周书》曰‘布重莫席’，说假借此字之义也。有引以说古形者，如《易》曰‘百穀草木麗于地’，说蘼从草麗之意；《易》曰‘豐其屋’，说寷从宀豐之意；《易》曰‘突如其来如’，说𠫓从倒子之意，是也。有引以说古音者，如䆑读若《诗》‘施罟濊濊’，奔读若‘予违汝弼’，是也。学者以其说求之，斯《说文》无不可通之处，斯经传无不可通之处矣！”自以为揆诸经义，例以许书，以字考经，以经考字，昭然若发蒙也。时元和江艮庭声者，生平服膺许氏，不为行楷者数十年，凡尺牍率皆依《说文》书之，为《说文解字考证》，既见玉裁之注，多自符合，叹服辍稿焉！故其书精实通博，非前之传《说文》者可及！惟吴县钮树玉非石作《段氏说文注订》订其义例，邹伯奇有《读段注说文札记》纠其抵牾，而段氏之书，终为治《说文》者所不废也！树玉著有《说文解字校记》三十卷，《说文新附考》七卷。曲阜桂未谷馥谓“训诂不明，不足以通经”，日取《说文》与诸经之义相疏证，为《说文辨字义证》五十卷，然征引群书，不加断制，或有类书之讥！安邱王筠贯山著有《说文释例》二十卷，盖即许氏书而释其条例，其目曰《六书总说》，曰《指事》，曰《象形》，曰《形声》，曰《亦声》，曰《一全一省》，曰《两借》，曰《以双声字为声》，曰《一字数音》，曰《形声之失》，曰《会意》，曰《转注》，曰《假借》，曰《彣饰》，曰《籀文好重叠》，曰《或体》，曰《俗体》，曰《同部重文》，曰《异部重文》，曰《分别文》《累增字》，曰《叠文同异》，曰《体同音义异》，曰《互从》，曰《展转相从》，曰《母从子》，曰《说文与经典互易字》，曰《列文次第》，曰《列文变例》，曰《说解正例》，曰《说解变例》，曰《一曰》，曰《非字者不出于说解》，曰《同意》，曰《阙》，曰《读若直指》，曰《读若本义》，曰《读同》，曰《读若引经》，曰《读若引谚》，曰《声读同字》，曰《双声叠韵》，曰《捝文》，曰《衍文》，曰《误字》，曰《补篆》，曰《删篆》，曰《移篆》，曰《改篆》，曰《观文》，曰《纠徐》，曰《钞存》，曰《存疑》；其自《指事》至《列文变例》皆论篆籀，自《说解正例》至《双声叠韵》皆论说解，自《捝文》至末则皆臆说，而《存疑》则订许氏之误，兼订段玉裁注之误；虽例目失之繁多，论说或有穿凿，然条举许氏书所称引而部分之，便于学者。惟许氏书虽明形体，而于形声训诂间亦述及，然以诠明本义为宗。群书中文字义训之不合于《说文》者，多属通假，段玉裁注乃由通假以推求本字，犹未宣究。至元和朱骏声丰芑撰《说文通训定声》十八卷，更畅发之。但骏声仅求之于同韵，而晻于双声相借。又不明旁转对转之条，粗有补苴，犹不免于专断。近儒仪征刘师培申叔撰《古本字考》，余杭章炳麟太炎撰《小学答问》，乃于许氏书本字、借字流变之迹，甄明益众。炳麟又读许氏书，叙称："仓颉作书，依类象形，其后形声相益，即谓之字。文者物象之本，字者言孳乳浸多。"以为："独体者，仓颉之文。合体者，后王之字。古文大篆虽残缺，仓颉之文，固悉在许氏书也。"于是刺取许氏书独体，命以初文，其诸省变及合体象形指事，与声具而形残，若同体复重者，谓之准初文，都五百十字，集为四百三十七条，讨其类物，比其声均，音义相雠，谓之变易，义自音衍，谓之孳乳，比而次之，得五六千名，撰成《文始》九卷，所以明形体声类之更相扶胥，异于偏觭之议。若夫囟、宷同语，囧、横一文，天即为颠，语本于囟，臣即为牵，义通于玄，屮、出、耑、壬，同种而禅，丮、巨、夂、互，连理而发，斯盖先哲之所未谕，炳麟之所独晓也！自是学者道原穷流，读刘师培《古本字考》及炳麟《小学答问》，而本字、借字之流变明；次读炳麟《文始》，而文字之流变亦明；小学之条例至炳麟益精切，而小学之境宇亦至炳麟斯恢宏焉。惟自宋儒薛尚功诸人而后，治小学者憙据三代钟鼎彝器款识以考证古文，乃云“李斯作篆，已多承误，叔重沿而不治”；至欲改易经记，独炳麟证为未然，而著意于《文始·叙例》，以为“古文自汉时所见，独孔子壁中书，更王莽、赤眉丧乱，至于建武，《史篇》亦十亡三四，《说文》徒以秦篆苴合古籀，非不欲备，势不可也。然《仓颉》《爰历》《博学》三篇，才三千三百字。《凡将》《训纂》继之，纵不增倍，已轶出秦篆外。盖古籀及六国时书，骎骎复出，而班固尤好古文，作十三章，网罗成周之文及诸山川鼎彝盖众，《说文》最字九千，视秦篆三之矣！此则古籀慭遗，其梗概具在《说文》，犹有不备，《礼经》古文、《周官》故书、《三体石经》、陈仓《石鼓》之伦，亦足裨补一二。自宋以降，地藏所发，真伪交糅，数器相应，足以保任不疑，即暂见一二器者，宜在盖阙，虽捃摭不具，则无伤于故训也。若乃荧眩奇字，不审词言之符，譬之喑聋，盖何足选。”斯诚矫枉救敝之论。然殷虚甲骨文字出土清季，而考古文者，别得径涂，珍如球壁焉。盖殷商文字，昔人惟于三代钟鼎彝器间见之，然其数颇少，至光绪时，河南安阳县西北五里之小屯，洹水崖岸为水啮，有龟甲牛骨出土，上镌古文字，以其地三周环洹水，盖《史记·项羽本纪》所称“洹水南，殷虚上”者，或者遂定为殷商文字云。有估客携千余片至京师，为福山王懿荣连孙所得。会拳祸作，懿荣被杀，其所藏悉归丹徒刘鹗铁云。而洹水之虚，土人于农隙掘地，岁皆有得，亦归于鹗，都鹗先后得四千五百余片焉。然论殷虚甲骨收藏之富，莫如上虞罗振玉叔言，盖三万片云。其余散在诸家者，亦当以万计。而驻彰德之某国牧师，所藏亦且近万片。其拓墨影印成书者，有刘鹗之《铁云藏龟》十册，罗振玉之《殷虚书契前编》八卷、《后编》二卷、《殷虚书契菁华》一卷、《铁云藏龟之余》一卷。后英人哈同氏复购得刘鹗所藏之一部八百片，影印《戬寿堂所藏殷虚文字》一卷，则多出《铁云藏龟》之外。所刻文字，皆殷王室所卜祭祀征伐行幸田猎之事，故殷先公先王及土地之名，所见甚众。又其文字之数，比三代钟鼎彝器尤多且古，故裨益于古文之考证者尤大！惟事类多同，故文字亦有重复。刘鹗所印，未及编类，而罗振玉则分别部居，去其重复，选印称最精纯。此殷虚文字之影印也，其最先考释者，瑞安孙诒让仲容即《铁云藏龟》考其文字，于光绪甲辰成《契文举例》二卷。虽创获无多，而殷虚文字之考释，实自此始。其后罗振玉之《殷商贞卜文字考》《殷虚书契考释》《殷虚书契待问编》，海宁王国维静庵之《戬寿堂所藏殷虚文字考释》，先后成书。而殷人文字之获考释者，且什之五六焉。此实近二十年来治文字学者之一大成功也，故特表而出之。形制明而后言声韵。

韵书始于魏晋，然生民之初，必先有声音而后有言语，有语言而后有文字。诗歌之作，应在书契以前，但求其声之叶，不求其文之工也。《尚书》非有韵之文也。夔之典乐，依永和声，其声韵之始乎。皋陶赓歌，明良康喜起熙之词，皆韵文也。《商》《周》《风》《雅》《颂》存于今者，盖三百篇。作诗者虽未必如今人之检韵以求叶，然今人之考古音者，惟据《诗》三百及经子有韵之文足以互证。《易·彖辞》如“初筮告，再三渎”之类，盖屋沃古通也。爻辞如“需于血，出自穴”，皆在屑韵；“长子帅师，弟子舆尸”，皆在支韵，则古今所同也。文言“同声相应，同气相求。水流湿，火就燥”，求、燥同韵，与箕子《麦秀歌》相同，则古今迥异也。《礼记·曲礼》首章：“毋不敬，俨若思。安定辞，安民哉！”思、辞、哉同韵。其余韵文散见于《礼经》之中者，则不可枚举矣。《仪礼》士冠礼、士婚礼之醮辞，《周官·考工记》之《梓人》祭侯辞，栗氏量铭，皆有韵之文也。《春秋左氏传》之筮辞童谣，舆诵谚语，亦有韵之文也。故近世考古韵者，大抵取群经有韵之文，折衷于《诗》三百，而后谛煌以上之元音，乃复显于世。既风雅寝声，下降战国，奇文郁起，其《离骚》哉！考之屈、宋之作，其音往往与三百篇合，而三百篇所无者，则又往往与周、秦、汉、魏之歌谣诗赋合，其为上古之音何疑。而《荀子》第二十六篇曰赋，有《礼赋》《知赋》《云赋》《蚕赋》《箴赋》，鼎立于《风》《骚》之间，傥亦谭先秦古音者之所取资，而为有韵文之大宗焉。至汉高皇《大风》之歌，汉武帝《秋风》之辞，以及魏武帝横槊赋诗，所用之韵，皆与今韵为近，非若先秦以上之音，诘屈聱牙也。《文选》录汉魏人诗赋及箴铭颂赞之属，其有韵之文，多于群经诸子。而史游《急就》、焦氏《易林》，全书用韵，故考证汉韵，比考证经韵尤易。惜唐人自撰《唐韵》，汉人未尝自撰汉韵也。郑玄注六经，许慎撰《说文》，但云音某或读若某而已。自后汉佛法行于中国，得西域胡书，能以十四字贯一切音，谓之婆罗门书。自是字母传入中国。而乐安孙炎叔然作《尔雅音义》，乃创反语，而声音之道备。盖反语生于双声，双声生于字母。字母以一字贯众字之音，而等韵明。反语以二字定一字之音，而切韵出。切，即反也。两字互相切，谓之反，取反覆之义。亦谓之翻，如同泰之反为大通，桑落之反为索郎，是也。两字切一字，磨切而出声谓之切；德红之切东，徒红之切同，是也。亦谓之纽，有正纽，有倒纽，有旁纽，不越一反。反也，切也，纽也，名异而实同。等韵之法，以若干母贯穿天下无穷之字。而切韵则以同母之字出切，以同韵之字定声也。至魏，此事大行。王肃《周易音》用反语者十余条。见陆德明《经典释文·叙例》。王弼注《易》，亦有反切两事，而高贵乡公不解，反以为怪异。自兹厥后，音韵锋出。曹魏左校令李登撰《声类》十卷，凡万一千五百二十字。东晋安复令吕静吕忱之弟撰《韵集》六卷，中宫、商、角、徵、羽各一卷，时音有五而声未四也。南齐汝南周颙彦伦始作《四声切韵》。梁吴兴沈约休文继之，撰《四声谱》，以为"在昔词人，累千载不悟，而独得胸襟，自谓入神之作"，而韵谱成矣！初沈约与陈郡谢朓玄晖、琅邪王融元长在齐永明时，以气类相推，为文皆用宫商，将平、上、去、入四声，以此制韵，世呼永明体。独梁武帝不好焉，问周舍周颙之子曰："何谓四声？"舍应声曰："天子圣哲。"然帝竟不甚遵用约，而四声之说自此兴也。夫汉人课籀隶，始为字书，以通文字之学。江左竞风骚，始为韵书，以通声音之学。然汉儒识文字而不识声音，既昧造字之本。傥江左之儒，知纵有平、上、去、入四声为韵谱，而不知衡有宫、商、角、徵、羽、半商、半徵七音为字母，亦宁为晓立韵之源？字母起自西域。后汉婆罗门书虽不传，而释藏译经字母，自晋僧伽婆罗以下可考者尚十二家，然以之翻胡经，而未以制国音。纽字之图，亦创沈约，见引于唐僧神珙《四声五音九弄反纽图序》者可证也。初吴郡顾野王希冯造《玉篇》，中载古切字要法之“因烟”“人然”“新鲜”“饧涎”“迎妍”“零连”“清千”“宾边”“经坚”“神禅”“秦前”“宁年”“寅延”“真毡”“娉偏”“澄陈”“平便”“擎虔”“轻牵”“称燀”“丁颠”“兴掀”“汀天”“精笺”“民眠”“声膻”“刑贤”“芬番”“文樠”“亭田”凡三十类，盖即沈约《纽字图》之所由本，而为后世言字母者之祖焉。乃宋儒郑樵讥“江左之儒，识四声而不识七音”，其然岂其然乎？独沈约《纽字》之图，不传于后，为可惜耳！然自秦、汉之文，其音已渐戾于古，至东京益甚！而沈约作谱，乃不能上据《雅》《南》，旁采骚、子，以成不刊之典，而仅按班、张以下诸人之赋，曹、刘以下诸人之诗所用之音，撰为定本，于是今音行而古音亡，为音学之一变！隋文帝时，陆法言偕颜之推、萧该、刘臻等八人，本沈约旨，共相撰集，是谓《切韵》，凡五卷，二百六部，万二千一百五十八字。唐郭知元、关亮、薛恂、王仁煦、祝尚丘等因陆书，递有增益。元宗之世，有孙愐者，乃以《切韵》为谬，重为刊正，别为《唐韵》。唐僧神珙或称神珙六朝僧。然据《四声五音九弄反纽图序》引南阳释处忠撰《元和韵谱》，知此神珙元和以后人。始定三十字母。后有僧守温者益以六字。今所传牙音“见”“溪”“群”“疑”，即顾野王《玉篇》载古切字要法之“经坚”“轻牵”“擎虔”“迎妍”也；舌头音“端”“透”“定”“泥”，即古切字要法之“丁颠”“汀天”“亭田”“宁年”也；舌上音“知”“彻”“澄”“娘”，即古切字要法之“真毡”“称燀”“澄陈”“迎妍”也；重唇音“帮”“滂”“并”“明”，即古切字要法之“宾边”“娉偏”“平便”“民眠”也；轻唇音“非”“敷”“奉”“微”，即古切字要法之“芬番”非敷“文樠”奉微也；齿头音“精”“清”“从”“心”“邪”，即古切字要法之“精笺”“清千”“秦前”“新鲜”“饧涎”也；正齿音“照”“穿”“状”“审”“禅”，即古切字要法之“真毡”“称燀”“澄陈”“声膻”“神禅”也；喉音“影”“晓”“喻”“匣”，即古切字要法之“因烟”“兴掀”“寅延”“刑贤”也；半舌音“来”，即古切字要法之“零连”；而半齿音“舌”，则“人然”也。设以七音相配，则牙音者角，齿音者商，舌音者徵，喉音者宫，唇音者羽，半舌音者半徵，半齿音者半商。于是三十六母全而国音定也。迨宋真宗以景德四年诏陈彭年、邵雍等校定《切韵》五卷，凡二万六千一百九十四字，注十九万一千六百九十二言，大中祥符四年书成，赐名《大宋重修广韵》，以《切韵》亦名《广韵》也。《宋史·艺文志》皆载陆法言《广韵》五卷，则法言《切韵》亦兼《广韵》之名，故陈彭年等校定本增题“大宋重修”四字。自是《广韵》行而《唐韵》亡。然宋初徐铉奉诏校许慎《说文》，在重修《广韵》以前，所用翻切，一从《唐韵》，是《唐韵》亡而不亡也。迨清献县纪容舒迟叟作《唐韵考》五卷，以为：“翻切之法，其上字必同母，下字必同部，谓之音和。间有用类隔之法者，亦仅假借其上字，而不假借其下字。因其翻切下一字，参互钩稽，辗转相证，犹可得其部分。”乃取《说文》所载，《唐韵》翻切排比，析归各类，乃知《唐韵》部分与《大宋重修广韵》同。盖《唐韵》之作，亦以刊正隋陆法言《切韵》，而法言《切韵》近始出土敦煌千佛洞石室，益以纪氏之《唐韵考》，而隋、唐、宋音韵变迁之迹可考也。至宋仁宗时，太常博士直史馆宋祁、太常丞直史馆郑戬等建言：“陈彭年、邵雍所定《广韵》，多用旧文，繁略失当。”因诏祁、戬与国子监直讲贾昌朝、王洙同加修定，刑部郎中知制诰丁度、礼部员外郎知制诰李淑为之典领，凡成书十卷，中平声四卷，上、去、入各二卷，共五万三千五百二十五字，视《重修广韵》增二万七千三百三十二字，是字如孳乳浸多，音韵亦浸多矣。盖即世所传《切韵》云。世又传有夏县司马光君实《切韵指掌图》者，序称："仁宗诏丁度、李淑增崇韵学，自许叔重而降，凡数十家，总为《集韵》。余得旨继纂其职。书成上之，有诏颁焉。”则是《集韵》成于司马光之手也。又考之《切韵指掌图》序，司马光盖因纂《集韵》，科别清浊，成《切韵指掌图》二卷，大指以三十六字母，总三百八十四声，别为二十图。取同音、同母、同韵、同等四者皆同，谓之音和。取唇重唇轻、舌头舌上、齿头正齿三音中清浊同者，谓之类隔。是音和统三十六字母，类隔统唇齿舌等二十六母也。同归一母，则为双声。同出一韵，则为叠韵。同韵而分两切者，谓之凭切。同音而分两韵者，谓之凭韵。辨开阖以分轻重，审轻重以订虚实。言等韵者宗焉。或者以为《切韵指掌图》非司马光作。独等韵之说，自后汉与佛经俱来。然《隋书》仅有十四音之说，而不明其例。华严四十二字母，亦自为梵音，不隶以中国之字。而神珙之图，附载《玉篇》，仅粗举大纲，具体而微。其有成书传世者，仅光此图与《四声等子》为最古。《四声等子》，或出辽僧行均，而此图疑南宋人依托《集韵》，袭《四声等子》之所作，不必出光手笔也。然闽县孙奕景山作《示儿编》，辨不字作逋骨切，一则曰“今以司马公之切韵考之”，再则曰“自温公之图出而音始定”，知宋人信图为光之作，而据以为定韵之张本矣。《广韵》《集韵》，虽为敕修之书，然仁宗以还，颁学宫而遵行者，盖不为《广韵》《集韵》，而为《礼部韵略》。特《礼部韵略》有二本，其一曰《附释文互注礼部韵略》者，仁宗时刑部郎中知制诰丁度奉敕撰也；其一曰《增修互注礼部韵略》者，南宋时衢州免解进士毛晃父子所增修也。宋初程试，用韵漫无章程，故闽士至有以“天道如何，仰之弥高”叶韵者。至仁宗敕撰此书，虽专为科举设，而字之去取，既经廷评，又付公论，故较他韵书特谨严，然收字颇狭，止九千五百九十字，著为令式，迄南宋不改。毛晃搜采典籍，依韵增附，并厘订音义字画之误，凡增订四千八百三十一字。其子居正续拾所遗，复增一千四百二字，即所谓《增韵》者是也。父子相继，用力颇勤，但不知古今文字音韵之殊，往往以古音入律诗，借声为本读，或以引汉律，断唐狱少之，不古不今，殊难依据！徒以便于程试，遵用颇广，亦利禄之途则然！然而韵书规模未大变也。自金韩道昭据《广韵》《集韵》撰《五音集韵》，始以七音四等三十六母颠倒唐、宋之字纽，而韵书一变。金王文郁增并《礼部韵略》成《平水韵略》，南宋刘渊因之，刻《淳祐壬子新刊礼部韵略》，始以上下平各十五，上去各三十，入声十七，合一百七部，合并唐宋之二百六部，而韵书又一变。嘉定钱大昕曰：“后人往往以平水为刘渊。考元椠《平水韵略》卷首有河间许古序，乃知《平水韵》王文郁所撰，后题‘正大六年己丑’，则文郁书成于金哀宗时，非宋人也。刘渊刊王文郁《平水韵略》而去其序，故莱公终以刘渊所撰也。”兹从其说。至元昭武熊忠子中撰《古今韵会举要》三十卷，字纽遵韩道昭法，部分遵王文郁例，兼二家所变而用之，而韵书旧第至是尽变无遗，而其力排历来韵书之江左吴音，则尤为后来《洪武正韵》之所本。然而历来韵书之造作不经，罔有过于《洪武正韵》者也。《洪武正韵》者，盖明太祖敕翰林侍讲学士乐韶凤、宋濂等纂修，其注释一以毛晃父子《增韵》为稿本，书成于洪武八年，而宋濂奉敕为之序，大旨斥沈约为吴音，一以中原之韵更正其失，并平、上、去三声各为二十二部，入声为十部，于是古来相传之二百六部，并为七十有六焉。然考《隋书·经籍志》载沈约《四声》一卷，新、旧唐书皆不著录，是其书至唐已佚，而唐以来之《唐韵》《广韵》《集韵》诸韵书，皆以陆法言《切韵》为蓝本。濂序乃以陆法言以来之韵，指为沈约，殊为失据。而陆法言《切韵》序则明明载："开皇初，仪同刘臻等八人同诣法言，论及音韵，以今声调既自有别，诸公取舍亦复不同。吴、楚则时伤轻浅，燕、赵则多伤重浊，秦、陇则去声为入，梁、益则平声似去。江东取韵，与河北复殊。因论南北是非，古今通塞，欲更捃选精切，除削疏缓。萧、颜多所决定。魏著作谓法言曰：'向有论难疑处，悉尽我辈数人，定则定矣。'法言即烛下握笔，略记纲纪。"今《广韵》之首列同定八人。其中刘臻，沛国相人；颜之推，琅邪临沂人；卢思道，范阳涿人；萧该，兰陵人；辛德源，陇西狄道人；薛道衡，河东汾阴人；而陆法言则临漳人。其人有南有北，且北人多而南人少，则非惟韵不定于吴人，而序中"江左取韵"诸语，且亦明斥吴音之失，安得复指为吴音。濂在明初，号为宿学，宁知诬妄不经若此！盖明太祖既欲重造韵书，以更古人，如不诬古人以罪，则改之无名！濂亦曲学阿世，强为舞文耳。然终明之世，竟不能行于天下，则是是非之心，终有不可夺者！元、明以来，朝廷颁行学宫之韵书，盖一以南宋刘渊重刊王文郁《平水韵略》为蓝本。于是宋韵行而唐韵亦亡，为隋、唐以来音学之又一变！而音韵名家，则专以讨论古音为功，谥《平水韵略》曰今韵，以为今古音淆，无所用之也。南宋以降，专著一书以辨明古音者，盖自武夷吴棫才老始也。考棫之著书，有《诗补音》《楚辞释音》《韵补》三种。其《诗补音》《楚辞释音》，类能依据本文，互相比较，推求古读。朱子注《诗》释《骚》，有取焉。书佚不传，独传《韵补》五卷，乃牴牾百端。然后来言古音者，皆从此而推阐加密，荜路之功，不可没也。厥后用吴棫《韵补》之例而搜采赅备者，则有明新都杨慎升庵之《古音丛目》《古音猎要》《古音余》《古音附录》四书，虽各为卷帙，而核其体例，全仿吴棫《韵补》，以今韵分部而分隶以古音之相协者，知本为一书。顾慎之读书，虽多于棫，而韵学亦疏，故援据秦、汉古书颇繁富，而时时舛漏抵牾，与棫同讥。然慎撰《古音略例》一卷，取《易》、《诗》、《礼记》、楚词、老、庄、荀、管诸子有韵之词，标为略例。若《易》例"日昃之离"，离音罗，与歌嗟为韵；"三岁不觌"，觌音徒谷切，与木谷为韵；"并受其福"，福音偪，与食汲为韵；"吾与尔靡之"，靡音磨，与和为韵。《诗》"嘒彼小星，惟参与昴"，昴音旄；下文"抱衾与裯"，裯音调；"实命不犹"，犹音摇；昴、裯、犹为韵，咸于古音有据。而慎又谓"吴棫于《诗》'棘心夭夭，母氏劬劳'，劳必叶音僚；'我思肥泉，兹之永叹'，叹必叶他涓切。……不思古韵宽缓，如字读，自可叶，何必劳唇齿，费简册"。其论亦颇足纠正吴棫之说，而视《古音丛目》四书实为胜焉。然掇拾成书，有离有合，终不如清儒昆山顾炎武宁人、婺源江永慎修诸人之能本末融贯也。顾炎武作《音学五书》，江永作《古韵标准》，以经证经，推究古音，始独探本真，廓清妄论。而开除先路，则明连江陈第季立撰《毛诗古音考》四卷，实为首功。大旨以为古人之音，原与今异。凡今所称叶韵，皆即古人之本音，非随意改读，辗读牵就。如“母”必读“米”，“马”必读“姥”，“京”必读“疆”，“福”必读“偪”之类，历考诸篇，悉截然不紊。又《左》、《国》、《易·象》、《离骚》、楚词、秦碑、汉赋以至上古歌谣箴铭颂赞，往往多与《诗》合，可以互证。于是排比经文，参以群籍，定为本证、旁证二条。本证者，诗自相证，以探古音之源。旁证者，他经所载以及秦、汉以下去风雅未远者，以竟古音之委，而采《易》独详者，以时世近而音声同也。钩稽参验，所列四百四十四字，言必有征，视宋儒执今韵部分，妄以通古音者，相去盖万万矣！此书卷帙无多，然欲求古韵之津梁，舍是无由也。第既撰《毛诗古音考》，复以楚词去风人未远，亦古音之遗，乃取屈原、宋玉所著骚赋三十八篇，韵与今殊者二百三十四字，推其本音，与《毛诗古音考》互相发明，成《屈宋古音义》三卷。惟每字列本证，旁证则间附字下，不另为条，与《毛诗古音考》体例小异，以前书已明故也。自陈第作《毛诗古音考》《屈宋古音义》，而古音之门径始明。然创辟榛芜，犹未及研求邃密，至顾炎武乃探讨本原，推寻经传，作音学五书，曰《音论》《诗本音》《易音》《唐韵正》《古音表》，大指持杨慎“古人韵缓，不烦改字”，陈第“古诗无叶韵”之说。《诗本音》但即本经所用之音，互相参考，每诗皆全列经文，而注音句下，与今韵合者注曰广韵某部，与今韵异者即注曰古音某，大抵密于陈第而疏于江永，故永作《古韵标准》，驳正炎武者颇多，然合者十九，不合者十一，南宋吴棫以来古韵叶读之谬论，至此始一一廓清，厥功尤巨。自序谓：“潜心《广韵》，发悟于中而旁通其说，于是据唐韵以正宋韵之失，据古经以正沈约唐韵之失，而三代以上之音，部分秩如；

乃列古今音之变，而究其所以不同，为《音论》二卷，考正三代以上之音；注三百五篇，为《诗本音》十卷；注《易》，为《易音》三卷；辨沈氏部分之误，而一一以古音定之，为《唐韵正》二十卷；综古音为十部，为《古音表》二卷。自是而六经之文乃可读，其他诸子之书，离合有之，而不甚远。”诚哉有味言之也！然炎武之治古音，盖一以《广韵》为依据，而《广韵》者，虽今韵之宗，其以推迹古音，犹从部次。故炎武据《广韵》二百六部，作《唐韵正》《古音表》，始分古韵为十部。《东》《冬》《钟》《江》第一，《支》《脂》《之》《微》《齐》《佳》《皆》《灰》《咍》第二，《鱼》《虞》《模》《侯》第三，《真》《谆》《臻》《文》《殷》《元》《魂》《痕》《桓》《删》《山》《仙》第四，《萧》《宵》《肴》《豪》《幽》第五，《歌》《戈》《麻》第六，《阳》《唐》第七，《耕》《清》《青》第八，《蒸》《登》第九，《侵》《覃》《谈》《盐》《添》《咸》《衔》《严》《凡》第十。而《支》韵半属第二，半属第六；《尤》韵半属第二，半属第五；《麻》韵半属第六，半属第三；《庚》韵半属第七，半属第八。又入声四部，《质》《栉》《术》《物》《迄》《月》《没》《曷》《末》《黠》《辖》《屑》《薛》《麦》《锡》《职》《德》属第二部，兼《屋》《昔》二韵字；《屋》《浊》《铎》《陌》《昔》属第二部，兼《沃》《觉》《药》《麦》四韵字；《沃》《觉》《药》属第五部，兼《屋》《铎》《锡》三韵字；《缉》《合》《盍》《叶》《帖》《洽》《狎》《业》《乏》属第十部。然江永订其于三百篇所用有未合者，作《古韵标准》，分十三部。第一部《东》《冬》《钟》《江》；第二部《支》《脂》《之》《微》《齐》《佳》《皆》《友》《咍》，分《尤》韵字属焉；第三部《鱼》《虞》《模》，分《麻》韵字属焉；第四部《真》《谆》《臻》

《文》《殷》《魂》《痕》，分《先》韵字属焉；第五部《元》《寒》《桓》《删》《山》《先》《仙》；第六部《萧》《宵》《肴》《豪》；第七部《歌》《戈》《麻》，分《支》韵字属焉；第八部《阳》《唐》，分《庚》韵字属焉；第九部《庚》《清》《耕》《青》；第十部《蒸》《登》；第十一部《尤》《侯》《幽》，分《虞》《萧》《肴》《宵》《豪》韵字属焉；第十二部《侵》，分《覃》《谈》《盐》韵字属焉；第十三部《覃》《谈》《盐》《添》《咸》《严》《衔》《凡》。又入声八部，第一部《屋》《沃》《烛》《觉》；第二部《质》《术》《栉》《物》《迄》，分《屑》《薛》韵字属焉；第三部《月》《曷》《末》《黠》《辖》《屑》《薛》；第四部《药》《铎》，分《沃》《觉》《陌》《麦》《昔》《锡》韵字属焉；第五部《麦》《昔》《锡》；第六部《职》《德》，分《麦》韵字属焉；第七部《缉》，分《合》《叶》《洽》韵字属焉；第八部《合》《盍》《叶》《帖》《业》《洽》《狎》《乏》。惟以《诗》三百篇为主，谓之《诗韵》，而以周、秦以下音之近古者附之，谓之《补韵》，视诸家界限较明。其弟子休宁戴震东原受韵学于江氏，而复古之志益锐，力辨反切始于孙炎，不始神珙，撰《声韵考》，分为七类，后作《声类表》，分九类，一平声《歌》《戈》《麻》《鱼》《虞》《模》，入声《铎》；二平声《蒸》《登》《之》《咍》，入声《职》《德》；三平声《东》《冬》《钟》《江》《尤》《侯》《幽》，入声《屋》《沃》《烛》《觉》；四平声《阳》《唐》《萧》《宵》《肴》《豪》，入声《药》；五平声《庚》《耕》《清》《青》《支》《佳》，入声《陌》《麦》《昔》《锡》；六平声《真》《臻》《谆》《文》《欣》《魂》《痕》《先》《脂》《微》《齐》《皆》《灰》，入声《质》《术》《栉》《物》《迄》《没》《屑》；七平声《元》《寒》《桓》《删》《山》《仙》，去声《祭》《泰》《夬》

《废》，入声《月》《曷》《末》《黠》《辖》《薛》；八平声《侵》《盐》《添》，入声《缉》；九平声《覃》《谈》《咸》《衔》《严》《凡》，入声《合》《盍》《叶》《帖》《业》《洽》《狎》《乏》，而以喉一类、鼻二三四五类、舌六七类、唇八九类四音分收九类焉。至金坛段玉裁懋堂作《六书音均表》，乃分古韵为十七部。第一部《之》《咍》，第二部《萧》《宵》《肴》《豪》，第三部《尤》《幽》，第四部《侯》，第五部《鱼》《虞》《模》，第六部《蒸》《登》，第七部《侵》《盐》《帖》，第八部《覃》《谈》《咸》《衔》《严》《凡》，第九部《东》《冬》《钟》《江》，第十部《阳》《唐》，第十一部《庚》《耕》《清》《青》，第十二部《真》《臻》《先》，第十三部《谆》《文》《欣》《魂》《痕》，第十四部《元》《寒》《桓》《删》《山》《仙》，第十五部《脂》《微》《齐》《皆》《灰》，第十六部《支》《佳》，第十七部《歌》《戈》《麻》。入声八部，《职》《德》属第一部，《屋》《沃》《烛》《觉》属第三部，《药》《铎》属第五部，《缉》《叶》《帖》属第七部，《合》《盍》《洽》《狎》《业》《乏》属第八部，《质》《栉》《屑》属第十二部，《术》《物》《迄》《月》《末》《曷》《没》《黠》《辖》《薛》属第十五部，《陌》《麦》《昔》《锡》属第十六部。别《支》《佳》为一，《脂》《微》《齐》《皆》《灰》为一，《之》《咍》为一。《职》《德》者，《之》之入；《术》《物》《迄》《月》《没》《曷》《末》《黠》《辖》《薛》者，《脂》之入；《陌》《麦》《旨》《锡》者，《支》之入。自唐、虞至陈、隋有韵之文，无不印合，而《歌》《麻》近《支》，《文》《元》《寒》《删》近《脂》，《尤》《幽》近《之》，古音今音，皆可得其条贯。自以为泛滥《毛诗》，理顺节解，因其自然，足补顾炎武、江永二家部分之未备也。曲阜孔广森㧑约自以生陈第、顾炎武之后，辨去叶音，识所指归，而据段玉裁《六书音均表》折衷诸家，疏通证明，即《广韵》以为柢，指《毛诗》以为正，而知声者，从其偏旁而类之者也。文字虽多，类其偏旁，不过数百，苟不知推偏旁以谐众声，虽遍引六经诸子之韵语，而字终不能尽也。乃即偏旁之见于诗者而类之，撰《诗声类》，分十八部：曰元之属，耕之属，真之属，阳之属，东之属，冬之属，侵之属，蒸之属，谈之属，是为阳声者九；曰歌之属，支之属，脂之属，鱼之属，侯之属，幽之属，宵之属，之之属，合之属，是为阴声者九。阴阳相配，可以对转。自谓“独抱遗经，研求豁悟，分阴分阳，九部之大纲，转阳转阴，五方之殊音，旁引博证，于向之不可得韵者，皆一以贯之，无牵强疑滞”也。大抵清儒治音，竺志于古，而前修未密，后出转精，发明对转，孔氏尤殊胜也。若其整次五音，必本字母。旧云双声，而清之学者，多精言韵，双声罕究，虽以顾炎武之好学不倦，而稽古有余，审音或滞。江永复过信字母，奉若科律。段、孔以降，含隐不言。独嘉定钱大昕莘楣差次古今，乃知舌上古归舌头，轻唇古读重唇。扶服之为匍匐，伏牺之为庖牺，佛之如弼，繁之如鞶，敷之如布……古读轻唇如重唇之证也。中之如得，竺之为笃，陈之如田，侄之读徒结切……古音舌上归舌头之证也。然后宫商有准，八风从律，斯则清儒之治古音者，定韵莫察乎孔广森，审母莫辨乎钱大昕，而有开必先，舍顾炎武莫属，虽有损益，百世可知也！近儒余杭章炳麟太炎又以为孔广森知阴阳声相配之可以对转，而不知阴阳声同列之亦可旁转；钱大昕知古音之舌上归舌头，轻唇归重唇，而不知古音舌上娘母、半齿日母之并归舌头泥母；于是作《成均图》以推究孔氏未发之指，作《古音娘日二纽归泥说》《古双声说》以究明钱氏未尽之蕴，具见《国故论衡》，亦可谓潜心古音，独阐新义者也。《声韵》明而后言训诂。

时有古今，犹地有东西南北，相隔远，则言语不通矣。地远，则有翻译；时远，则有训诂。有翻译，则能使胡越如比邻；有训诂，则能使古今为旦暮。诂者，古今之异言；训者，谓字有意义也。训诂之书，莫古《尔雅》。《大戴礼·孔子三朝记》称孔子教鲁哀公学《尔雅》，则《尔雅》之来远矣！然不云《尔雅》为谁作。据魏清河张揖稚让进《广雅表》，称周公著《尔雅》一篇。今俗所传三卷，或言仲尼所增，或言子夏所益，或言叔孙通所补，或言沛郡梁文所考，皆解家所说，疑莫能明也。谓之《尔雅》者，尔，近；雅，正也。正者，虞、夏、商、周建都之地之正言也。近正者，各国近于王都之正言也。语言因地域而殊，文字又随语言而异。学者举今语以释古语，引方言以证雅言，犹之殊语之互相翻译。班固谓："古文读应尔雅，故解古今语而可知。""子所雅言，诗书执礼。"雅言者，诵诗读书，从周之正言，不为鲁之方言。而执礼者，诏相礼仪，亦依雅言称说，而不为俚俗也。《小雅》《大雅》者，皆周诗之正言也。《大戴礼·小辨篇》："《尔雅》以观于古，足以辨言。"故曰"《尔雅》者，所以总绝代之离词，辨同实而殊号"者也。凡《释诂》《释言》《释训》《释亲》《释宫》《释器》《释乐》《释天》《释地》《释丘》《释山》《释水》《释草》《释木》《释虫》《释鱼》《释鸟》《释兽》《释畜》十九篇。汉初，经始萌芽，《尔雅》尝立博士，故蜀郡扬雄子云《方言》以为孔子门徒解释六艺，会稽王充仲任《论衡》亦以为五经之训故；然释五经者不及十之三四，今观其文，有取《山海经》者，有取《穆天子传》者，有取《管子》者，有取《尸子》者，有取《庄子》《列子》者，有取《国语》者，有取《楚辞》者，大抵采周、秦诸子传记之名义训诂以辨异同而广见闻，宁只为解经作哉！以隶经部，实为不伦也。是盖古代训诂学之权舆。汉人解经，《书》有《大小夏侯解故》，《诗》有《鲁故》《齐后氏故》《齐孙氏故》《韩故》《毛诗故训传》，《杜林》有《苍颉故》，具载《汉书·艺文志》，今其书皆不传。惟扬雄之《方言》十三卷，北海刘熙成国之《释名》八卷，厥为后来言训诂者所宗焉。然余考《汉书·艺文志》及《扬雄传》备载雄之著书，不及《方言》一字；而许慎《说文解字》引雄说，皆不见于《方言》，其义训用《方言》者，又不言扬雄；至汉末应劭撰《风俗通义序》，始称雄作，疑依托也。然据方语以释雅言，正与《尔雅·释诂》"释古今异言，通方俗殊语"之例相合。至刘熙《释名》从音求义，以同声相谐，推论称名辨物之意，而去古未远，可以推见古音古器物之遗，诚九流之津涉，六艺之钤键，学览者之潭奥，摛翰者之华苑也。魏明帝时，博士张揖继两汉经师之后，参考往籍，遍记所闻，凡万七千三百二十六字，撰《广雅》七卷；分别部居，依乎《尔雅》，凡所不载，悉著于篇。其自《易》《书》《诗》三礼三传经师之训，《论语》《孟子》《鸿烈》《法言》之注，《楚辞》、汉赋之解，谶纬之记，《仓颉》《训纂》《滂喜》《方言》《说文》之说，靡所不采，然后周、秦、两汉古义之传于后者，可据以证得失，而其散逸不传者，亦借以窥端绪。曰《广雅》者，云广《尔雅》所未及也。斯盖并《尔雅》《方言》《释名》三书骖驾而驷矣。后之言训诂者，胥崇为不祧之祖焉。汉、魏之世，注《尔雅》者十余家，可考见者，犍为文学注二卷、刘歆注三卷、樊光注六卷、李巡注三卷、孙炎注三卷，五家而已。顾晋著作郎河东郭璞景纯者，独以诸家纷谬，多未详备，乃缀集异闻，荟萃旧说，考方国之语，采谣俗之志，错综樊、孙，博关群言。事有隐滞，援据征之，如“遂帐大东”称《诗》，“钊我周王”称《逸诗》，所见尚多古本，盖去汉未远也。注多可据，后人虽迭为补正，然宏纲大指，终不出其范畴也。自是璞注行而诸家悉废。其后宋翰林侍讲学士济阴邢昺叔明于真宗时，奉敕为璞注作疏，多掇拾《毛诗正义》掩为己说，惟其引证《尸子·广泽篇》《仁意篇》，则非今人所及睹；至犍为文学、樊光、李巡之注，见唐吴县陆元朗德明《经典释文》者，虽多所遗漏，然疏家之体，惟明本注，注所未及，例不旁搜，此不得以咎昺也。宋儒之治《尔雅》者不鲜，神宗时有山阴陆佃农师者，亦注《尔雅》，书不传！今传者，所撰《埤雅》二十一卷中，《释鱼》三卷，《释兽》三卷，《释鸟》四卷，《释虫》二卷，《释马》一卷，《释木》二卷，《释草》四卷，《释天》二卷。其释诸物，大抵略于形状者详于名义，寻究偏旁，比附形声，务求其得名之所以然，又推而通贯诸经，曲证旁稽，假物理以明其义。其所援引，多今未见之书，其推阐名理，亦往往精凿。佃先以神宗召对，言及物性，因进《说鱼》《说木》二篇，初名物性门类，后注《尔雅》，更撰此书，易名《埤雅》，言为《尔雅》之辅也。迨宋之南渡，高宗时，有莆田郑樵渔仲者撰《尔雅注》三卷，为世所重。盖南宋诸儒，大抵崇义理而疏考证，独樵以博洽傲睨一时，及其既也，乃肆作聪明，诋諆毛、郑，其《诗辨妄》一书，开数百年杜撰说经之捷径，为通儒之所深非。惟作是书，乃通其所可通，阙其所不可通，驳正旧文诸条，皆极精确，于说《尔雅》家为善本。孝宗时，有歙县罗愿存斋者，撰《尔雅翼》三十二卷，中分草、木、鸟、兽、虫、鱼六类，大致与陆佃《埤雅》相类，而引据精博，体例谨严，则远在其上。其音释，则元洪焱祖作也。焱祖，字潜夫，亦歙县人。斯并于《尔雅》郭注邢疏之外，创获新解，别自名家者也。元、明之儒，于训诂学实疏，故罕以训诂成一家言者！独明宗室朱谋㙔郁仪者，号博极群书，剌取古书文句典奥者，撰《骈雅》七卷，依《尔雅》体例，分章训释，自释诂释训以至虫、鱼、鸟、兽，凡二十篇。务求博洽，少泛滥矣！然奇文僻字，搜辑良多，撷其膏腴，于词章要不为无补也！尝见貌为汉、魏文者，取《骈雅》置案头，署其签曰代字术，作文毕，则检古字代入之，一举笔而文不懈入古矣！此实文家之词书，宁曰《尔雅》之支裔哉！其说以为联二为一，骈异为同，故名曰《骈雅》云。迨清兴，朴学既章，古训是式。言精研《尔雅》，厥有余姚邵晋涵二云之《尔雅正义》二十卷，休宁戴震东原之《尔雅文字考》十卷，嘉定钱坫献之之《尔雅古义》二卷、《尔雅释地四篇注》一卷，栖霞郝懿行恂九之《尔雅义疏》十九卷，归安严元照九能之《尔雅匡名》十九卷，仁和翟灏晴江之《尔雅补郭》二卷，临桂龙启瑞翰臣之《尔雅经注集证》三卷，盐城陈玉树惕庵之《尔雅释例》五卷，斯并补苴前哲，明发滞义，阐郭注之未备，纠邢疏之违牾。而循文顺理，张其幽眇，郝疏最优；发凡起例，观其会通，陈释尤胜。若其究宣《方言》，有戴震之《方言疏证》十三卷，乃依扬雄书而为之疏通证明者也。震又作《转语》二十章，其自述曰："人之语言万变，而声气之微，有自然之节限。是故六书依声托事，假借相禅，其用至博，操之至约。五方之言及小儿学语未清者，展转讹溷，必各如其位。昔人既作《尔雅》《方言》《释名》，余以为犹阙一卷书，创为是篇，用补其阙。疑于义者，以声求之。疑于声者，以义正之。”斯则晓音韵转变之友纪，而通方言之指归者矣！善哉！非耳顺者，孰能与于此乎！《转语》书佚不传。仁和杭世骏大宗乃采《十三经注疏》《说文》《释名》诸书，以补扬雄《方言》之遗，成《续方言》二卷。前后类次，一依《尔雅》，搜罗古义，亦裨训诂。然撮录字书，不丽今语，而不知考方言者，在求其难通之语，笔札常文所不能悉，因以察其声音条贯，上稽《尔雅》《方言》《说文》诸书，敫然如析符之复合，斯为贵也！嘉定钱大昕莘楣知古今方音不相远，及其作《恒言录》，沾沾独取史传为征，亡由窥见声音文字之本柢！而翟灏之为《通俗篇》，虽略及训诂，亦多本唐、宋以后传记杂书，于古训藐然亡丽，间撮一二，亦溷不紬析也。独近儒余杭章炳麟太炎能征汉、魏之训诂，而通以戴君之转语，略籀今语，得其鰓理，撰《新方言》十一卷，凡《释词》《释言》《释亲属》《释形体》《释宫》《释器》《释天》《释地》《释植物》《释动物》，而殿以《音表》，得十一篇，方俗异语，摭拾略备。以今音证古音，参伍考验，经之对转迤转，纬之正纽旁纽，以穷声转之原。盖有诵读占毕之声，既用《唐韵》，俗语犹不违古音者；有通语既用今音，一乡一州犹不违《唐韵》者；有数字同从一声，《唐韵》已来一字转变，余字则犹在本部，而俗语或从之俱变者。虽日不暇给，虑有遗剩，创始之业，规模已闳，所谓知化穷冥，无得而称者也！其他治《释名》之学者，则有吴县江声艮庭之撰《释名疏证》《续释名》焉。治《广雅》之学者，则有高邮王念孙怀祖之撰《广雅疏证》焉。惟《广雅疏证》二十三卷，其第十卷为念孙子引之伯申所补，父子相嬗，以成一家之言，尤为殚精竭虑！念孙谓“训诂之旨，本于声音。故有声同字异、声近义同，虽或类聚群分，实亦同调共贯”，因畅斯旨，撰《广雅疏证》一书，不限形体，就古音以求古义，引伸触类，扩充于《尔雅》《说文》之外，无所不达，然声音文字部分之严，则一丝不乱。其或张揖误采，博考以证其失；先儒误说，参酌而寤其非。盖念孙借张揖之书以抒独得，实多揖所不及知者。念孙既持“诂训本于声音”之论，以诏其子引之曰：“字之声同声近者，经传往往假借。学者以声求义，破其假借之字而论本字，则涣然冰释。如因假借之字而强为之解，则结鞫为病矣。故毛公《诗传》多易假借之字而训以本字，已开改读之先。至康成笺《诗》注《礼》，屡云‘某读为某’，而假借之例大明。后人或病康成破字者，不知古字之多假借也。”又曰：“说经者，期得经意而已。前人传注，不皆合于经，则择其合者从之。其皆不合，则以已意逆经意，而参之他经，证以成训，虽别为之说，亦无不可。必专守一家，则为何劭公之墨守而已。”故其治经也，诸说并列，则求其是；字有假借，则改其读，盖熟于汉学门户，而不囿于汉学之藩篱也。引之推广庭训，遂成《经义述闻》十五卷、《经传释词》十卷，精博无比。而《经传释词》之作，则尤往古经师之所未曾有！盖经传中实字易训，虚词难释。《颜氏家训》虽有《音辞篇》，于古训罕有发明。独《尔雅》《说文》二书，解说古圣贤经传之词气，最为近古。然《说文》惟解“方”“曰”诸特造之字，而不解“而”“虽”等假借之字。《尔雅》所释未全。读者多误，毛、郑不免，何况其余！念孙贯通经训，尤明词气，而引之克世其学，于前人之误解者，独能旁引曲喻，以得本旨所在，使人颐解心折，叹为确不可易，而又百思不能到，使古圣贤复生见之，亦必曰：“吾言固如是，沿误数千年，而今乃得明矣！”此诚不可不开之奥窔！仪征阮元芸台读其书，谓“恨不能起毛、郑、孔诸儒而共证此快论”者也。阮元早岁与邵晋涵、王念孙友，逮闻前训，征引群书，撰《经籍籑诂》百六十卷，集古今诂训之大成。钱大昕序其书曰：“有文字而后有训诂，有训诂而后有义理。诂训者，义理所由出，非别有义理出于诂训之外者也。”旨哉言乎！纂《小学志》第七。